T0267907

Cómo salvarse
del caos del siglo XXI

Aharón Shlezinger

Cómo salvarse del caos del siglo XXI

La era de los talones

EDICIONES OBELISCO

Si este libro le ha interesado y desea que le mantengamos informado
de nuestras publicaciones, escríbanos indicándonos qué temas son de su interés
(Astrología, Autoayuda, Ciencias Ocultas, Artes Marciales, Naturismo,
Espiritualidad, Tradición…) y gustosamente le complaceremos.

Puede consultar nuestro catálogo en www.edicionesobelisco.com

Colección Cábala y Judaísmo
CÓMO SALVARSE DEL CAOS DEL SIGLO XXI
Aharón Shlezinger

1.ª edición: noviembre de 2022

Maquetación: *Isabel Also*
Corrección: *TsEdi, Teleservicios Editoriales, S. L.*
Diseño de cubierta: *TsEdi, Teleservicios Editoriales, S. L.*

© 2022, Aharón Shlezinger
(Reservados todos los derechos)
© 2022, Ediciones Obelisco, S. L.
(Reservados los derechos para la presente edición)

Edita: Ediciones Obelisco, S. L.
Collita, 23-25. Pol. Ind. Molí de la Bastida
08191 Rubí - Barcelona - España
Tel. 93 309 85 25
E-mail: info@edicionesobelisco.com

ISBN: 978-84-9111-928-9
Depósito Legal: B-16.148-2022

Impreso en los talleres gráficos de Romanyà/Valls S. A.
Verdaguer, 1 - 08786 Capellades - Barcelona

Printed in Spain

Prólogo

Vivir en el siglo XXI es todo un desafío. Hay demasiados problemas sociales, laborales, económicos y también de salud. Es difícil conseguir un empleo y también conservarlo. Hay mucha competitividad, y las personas se disputan los puestos de trabajo en forma ardua y muchas veces indiscriminada. También los autónomos que abren sus propios emprendimientos tienen dificultades para mantenerlos y hacerlos prosperar. E incluso las grandes empresas muchas veces generan deudas cuantiosas y les es difícil mantenerse.

Los problemas sociales son enormes, tanto en la propia casa como en el entorno laboral y en los demás centros de reunión. Hay disputas entre los mismos miembros de la familia, hijos contra padres, nueras y yernos contra suegras y suegros; altercados y enfrentamientos con tíos, primos y demás parientes. Y esas crisis se ven reflejadas en todos los ámbitos, por ejemplo, en los altos índices de divorcio, que han aumentado desproporcionadamente en los últimos años, a tal punto que no hay precedentes en toda la historia.

Además, la insolencia y el descaro han aumentado en forma exponencial, y también la falta de credibilidad en el prójimo. Por eso, es muy difícil encontrar personas confiables y amigos fieles.

Todo esto es algo que se ha desencadenado en forma abrupta en los últimos años. Y en el área de la salud, los pronósticos indicaban que los avances tecnológicos traerían alivio a la población, pero los hospitales están colmados de pacientes y las enfermedades aumentan a gran escala. Incluso han aparecido virus que en el pasado se desconocían, y se hace muy difícil controlarlos. Y esto no sólo ocurre con la salud corporal, sino también con la salud mental, hasta el punto de que las consultas a profesionales que tratan las enfermedades mentales y psicológicas han aumentado en forma abrupta. Los índices de estrés y ansiedad son altísimos, y la cantidad de calmantes, ansiolíticos y antidepresivos que se consumen supera todos los topes históricos.

¿Es posible ser feliz en una época tan difícil y controvertida? ¿Es posible salvarse del gran caos? Los sabios ancestrales nos dejaron un legado que manifiesta que sí, y nos revelaron la clave para salvarse de los duros flagelos de esta época. Y en esta obra analizaremos y abriremos esa clave para poder aplicarla y liberarnos de todos los flagelos.

Las revelaciones del futuro

Debido a que el tema que abordaremos es trascendental, es importante analizarlo en profundidad. Por eso, veremos en primer lugar lo que los sabios ancestrales enseñaron acerca de lo que ocurriría en el mundo en las generaciones del futuro, y posteriormente, analizaremos en forma minuciosa la clave que nos han revelado para estudiarla y ponerla en práctica.

Rabí Nehurai reveló estas señales: los jóvenes harán palidecer de vergüenza a los ancianos. Y los ancianos se pondrán de pie ante los jóvenes para rendirles honor, pues el descaro aumentará considerablemente. La hija se levantará contra la madre. La nuera se levantará contra su suegra. El rostro de la generación será como el rostro de un perro, pues no se avergonzarán en absoluto uno del otro por ninguna razón. Y el hijo no se avergonzará ante su padre.

Rabí Nejemia dijo: «La desfachatez aumentará; se deteriorará completamente el tratamiento honorable por el prójimo. La vid producirá uvas, y habrá vino, pero se venderá a un precio muy elevado. Todo el gobierno se torcerá hacia la incredulidad. Y no habrá reproche, pues el reprochado dirá al reprochador: "¡Tú haces lo mismo que yo hago!"» (Talmud, Tratado de Sanhedrín 97a).

La raíz de la inestabilidad económica

También se enseñó acerca de los problemas laborales y económicos del futuro. Para abrir ese tema, se citó lo que está escrito: «Así ha dicho El Eterno de los ejércitos: "Esfuércense vuestras manos, los que oís en estos días estas palabras de la boca de los profetas, desde el día que se echó el cimiento a la Casa de El Eterno de los ejércitos para edificar el Templo. Porque antes de estos días no habrá paga de hombre ni paga de animal, y no habrá paz para el que sale y el que entra, a causa del enemigo; y Yo lanzaré a todos los hombres cada cual contra su compañero"» (Zacarías 8:7-10).

Este pasaje profético revela que no habrá paga de hombre ni paga de animal porque faltará el trabajo, ya que no habrá bendición en la tierra. Por eso, no se producirán contrataciones de personal y las personas quedarán desocupadas; y tampoco los animales (los capitales) producirán ganancias, pues los dueños deberán invertir la totalidad de su valor en mantenerlos y alimentarlos; entonces, cuando los vendan, no les reportarán utilidades. Tal como fue anunciado para la época previa a la llegada del Mesías: «Se acabará la moneda del bolsillo» (Talmud, Tratado de Sanhedrín 97a; véase Radak, Even Ezra, Metzudat, Malbim, en Zacarías 8:10).

Además, en la profecía citada se dijo: «Y no habrá paz para el que sale y el que entra, a causa del enemigo». Rav dijo que esto incluirá a los eruditos estudiosos de la Torá, quienes de acuerdo con la lógica deberían salir y entrar en paz, como está dicho: «Tienen mucha paz los que aman tu Torá; y no hay para ellos tropiezo» (Salmos 119:165). Pero ahora, no habrá paz siquiera para ellos. Shmúel dijo: «No habrá paz porque los precios estarán igualados» (Talmud, Tratado de Sanhedrín 98a).

Resulta que los comerciantes que emprenden viajes a lugares lejanos para conseguir mercancías a mejor precio, y venderla en lugares distantes con el fin de obtener una buena diferencia, no encontrarán ninguna oportunidad. Pues no habrá grandes diferencias de precios, ya que todo estará globalizado (véase Talmud, Tratado de Sanhedrín 98a, Ben Iehioiadá, Ibíd.). Además, habrá una gran inseguridad en las calles, por lo que será dificultoso salir y entrar para realizar operaciones comerciales (véase Malbim Zacarías 8:10).

Las fechas del cambio mundial

Además de todas estas revelaciones mencionadas, los sabios también indicaron las fechas en que eso ocurriría.

Una de las cosas trascendentales que revelaron fue la fecha exacta en la que se abriría el desarrollo de la ciencia y los conocimientos, pues fue enseñado que en la sexta centuria del sexto milenio se abrirían las fuentes de la sabiduría del Cielo y los manantiales de la Tierra (véase *Numerología y cábala*, pág. 176). La sexta centuria del sexto milenio comprende el período de tiempo que va entre los años 1740 y 1840 de nuestra era. O sea, el período de tiempo en el cual se produjo la Revolución Industrial.

En ese lapso tuvo lugar el conjunto de transformaciones económicas, tecnológicas y sociales más grande de la historia de la humanidad.

La economía rural basada fundamentalmente en la agricultura y el comercio, que caracterizó al mundo durante miles de años, pasó a ser una economía industrializada, mecanizada y urbanizada. En la época de la Revolución Industrial se produjo un cambio histórico, modificándose todos los aspectos de la vida cotidiana.

Estos cambios ocasionaron que se percibiera una mejora en la calidad de vida, pero también se comenzaron a generar graves problemas sociales y laborales.

Estos hechos coinciden con lo pronosticado por los sabios que ocurriría en el futuro. Y en los años siguientes, los descubrimientos y avances tecnológicos avanzaron a gran escala, como así los problemas sociales y laborales.

La aceleración vertiginosa de los últimos tiempos

El sabio Israel Meir Hacohen, autor del famoso libro Jafetz Jaim, nació en 1839, en el epílogo de la Revolución Industrial, y falleció en 1933. Este erudito declaró que en su época todo se aceleró en forma abrupta, y lo que se ha hecho en generaciones anteriores en cientos de años ahora se hace en un tiempo muy breve.

También se refirió a la economía, diciendo que en el pasado la riqueza se mantenía en una persona por toda una generación, o más, y en la actualidad, la riqueza es como el cucurbitáceo de Jonás, el cual creció en una noche, y en una noche desapareció (véase Ikveta Demeshija).

En los años siguientes, esa aceleración siguió en aumento. Y en la actualidad hemos visto que en las primeras dos décadas del siglo XXI todo se acentuó vertiginosamente, a una velocidad jamás vista. Y siguiendo las secuencias del estudio de los sabios, que los llevó a revelar lo que ocurriría con la apertura de la ciencia y la sabiduría en la época de la Revolución Industrial, se puede observar, a partir de sus palabras, que en esta época actual se desarrollarían a pleno las señales mencionadas para la época de los talones, denominada Ikveta Demeshija, que significa literalmente «los talones del Mesías» (véase *El colapso económico final*, pág. 138).

Las señales en la actualidad

En la actualidad se observa que lo mencionado se está cumpliendo a rajatabla: «Los jóvenes harán palidecer de vergüenza a los ancianos. Y los ancianos se pondrán de pie ante los jóvenes para rendirles honor, pues el descaro aumentará considerablemente. La hija se levantará contra la madre […] La desfachatez aumentará; se deteriorará completamente el tratamiento honorable por el prójimo […] No habrá paga de hombre ni paga de animal porque faltará el trabajo […] No habrá paz porque los precios estarán igualados […] No habrá grandes diferencias de precios, ya que todo estará globalizado […]».

El legado de la salvación

Nos encontramos en una época especial en la cual es imprescindible saber vivir de la manera correcta para poder ser feliz y prosperar. Y así como los sabios nos enseñaron las señales de lo que ocurría en el futuro, también nos enseñaron cómo salvarnos de todos esos flagelos.

Y para poder entender lo que se enunciará y explicará, es importante reconocer que las acciones mencionadas que ocurrirían en esta época aluden a personas ásperas, que arrasan, pisan y desplazan para lograr sus objetivos, desplazándose los unos a los otros para quitarse los puestos de trabajo o quedarse con éstos. O para quedarse con una propiedad, o para aprovecharse de otras personas y conseguir lo que desean. Esas personas son talones y a esta época se la denomina la «era de los talones del Mesías» (véase Talmud, tratado de Sota 49b).

Las almas del talón

El conocido sabio Yosef Jaim explicó en su libro Daat Utebuna que todas las almas se vinculan con una parte del alma de Adán, el primer hombre. Hay almas vinculadas con rasgos de la cabeza de Adán, o con sus ojos, sus orejas, su pelo, su tronco, o con las distintas partes integrales. Y lo que falta rectificar es el talón del alma de Adán. Por eso, se espera que desciendan varias almas vinculadas con el talón.

Por tal razón, debemos estar preparados para una invasión de talones. Personas que pisan y desprecian para lograr lo que desean, sin contemplar el sufrimiento de su prójimo a raíz de sus acciones. Así como el talón es la parte más áspera del cuerpo, que tiene muy poca sensibilidad con respecto a los otros miembros del cuerpo, así serán los rasgos de varias de las almas que vendrán al mundo en estos años. Y debemos prepararnos para reconocerlas, y no elegir a esas personas para tener vínculo estrecho con ellas, sino a personas que tengan sentimientos nobles y verdaderos. También debemos saber qué corregir para liberarnos de todos los flagelos que vendrán. Y todo eso se puede conseguir aplicando la fórmula que los sabios nos han legado.

Por eso, en esta obra hablaremos de esa fórmula, la explicaremos, y veremos el trabajo que se debe realizar para liberarse de los flagelos de la época de los talones y ser felices. Y para alcanzar ese objetivo, analizaremos innumerables citas bíblicas y enseñanzas de los sabios. Asimismo, citaremos sucesos e historias relevantes tomadas del texto bíblico, las enseñanzas talmúdicas y del Midrash, y de otros libros importantes para analizarlos y aprender de los mismos. Así pues, será posible entender qué se debe hacer para salir airosos y liberarse de los flagelos de esta era.

I

La base de la salvación

La clave enseñada para salvarse de los flagelos de esta era, que fueron mencionados en el Talmud y citamos en forma sintética en nuestro prólogo, es estudiar la Torá y hacer actos de bondad, como fue estudiado: «Los discípulos de rabí Eleazar le preguntaron: "¿Qué ha de hacer la persona para salvarse de las aflicciones del (tiempo previo a la llegada del) Mesías?". Y el maestro respondió: "¡Que se ocupe de la Torá y haga actos de bondad!"» (Talmud, tratado de Sanhedrín 98b). Y cuando este sabio reveló esto, conocía las obras de bondad mencionadas en el texto bíblico, los preceptos vinculados con las mismas y el precepto de estudiar la Torá. Y también sus discípulos conocían eso. Sin embargo, aun así, el maestro les dijo esa fórmula.

Resulta que en ella hay un contenido especial oculto que requiere análisis y estudio. Por eso, nos abocaremos a descifrarla y explicar su contenido para poder salvarse de la dura situación que se atraviesa en el mundo, y protegerse de los sufrimientos y las aflicciones que abundan y extenúan.

Los tres pilares del mundo

Fue enseñado: «Shimon el justo era el remanente de la Gran Asamblea. Él solía decir: "El mundo se mantiene por tres cosas: por la Torá, por el servicio y por las obras de bondad –*guemilut jasadim*–"» (Mishná, tratado de Avot 1 Mishná 2).

Los hombres de la Gran Asamblea eran 120 sabios y ancianos y profetas que vinieron a Israel del exilio babilónico en el tiempo del Segundo Templo Sagrado, en los días de Esdras. Entre los hombres que integraban la Gran Asamblea estaban Zerubabel, Serya, Reelaya, Mordiqueo y Bilshan; y los conocidos profetas: Hageo, Zacarías, Malaquías y Nehemías hijo de Jajalia, y sus compañeros. Y Shimon el justo era el remanente de la Gran Asamblea, porque después de que todos ellos fallecieron, la recepción del estudio de la Torá quedó en su poder. Y él fue sumo sacerdote después de Esdras.

Él solía decir continuamente: «El mundo se mantiene por tres cosas […]». Es decir, el mundo no fue creado sino por estas tres cosas (Exégesis de rabí Ovadia de Bartenura).

La atracción de la energía suprema

Resulta, pues, que los tres asuntos que mencionó consisten en la base existencial del mundo y del medio que lo mantiene. Por lo tanto, conociéndolos y poniéndolos en práctica, se logra que la energía suprema descienda y abunde.

«Por la Torá», tal como está escrito: «Así ha dicho El Eterno: "Si no hubiese entablado mi pacto con el día y la noche, no hubiese puesto las leyes de los Cielos y la Tierra"» (Jeremías 33:25). Y está escrito: «Nunca se apartará de tu boca este libro de la Torá, sino que de día y de noche meditarás en él para que guardes y hagas conforme a todo lo que en él está escrito, para que prosperes en tu camino y actúes con sensatez» (Josué 1:8).[1] Se observa que ocuparse de la Torá de día y de noche es el medio que mantiene a los Cielos y la Tierra, y si no fuese así, tampoco los Cielos y la Tierra existirían.

«Por el servicio»: por el servicio de las ofrendas, pues así fue estudiado:[2] si no fuera por las guardias de honor (que había junto a las ofrendas), no existirían los Cielos y la Tierra. Y encontramos que por las

---

1. Talmud, tratado de Shabat 88a, rabí Ovadia de Bartenura, Tosafot Yom Tov Mishná, tratado de Avot 1:2.
2. Talmud, tratado de Taanit 27b.

ofrendas que ofreció Noé, El Santo, Bendito Sea, juró que no traería (nuevamente) diluvio al mundo. He aquí que el mundo existe por las ofrendas.[3] Y a esto se refiere lo que está escrito: «Y construyó Noé un altar para El Eterno, y tomó de todo animal puro y de toda ave pura, y ofreció ofrendas ígneas sobre el altar. Y El Eterno olió el aroma grato; y dijo El Eterno en su corazón: "No volveré a maldecir la tierra por causa del hombre; porque el instinto del corazón del hombre es malo desde su juventud; y no volveré a destruir a todos los seres vivientes, tal como he hecho". Continuamente no cesarán, todos los días de la tierra, la época de la siembra y la de la cosecha, el frío y el calor, el verano y el invierno, el día y la noche. Y bendijo Dios a Noé y a sus hijos, y les dijo: "Fructificaos y multiplicaos, y llenad la tierra"» (Génesis 8:20-22; Ibíd. 9:1).

«Y por las obras de bondad»: como está escrito: «La bondad siempre —olam— edifica» (Salmos 89:2). (La expresión olam significa también mundo). Y hacer obras de bondad es alegrar a los novios, y consolar a los enlutados, y visitar a los enfermos, y enterrar a los fallecidos, y asuntos semejantes (rabí Ovadia de Bartenura).

Las posibilidades de nuestra era

En la actualidad, estudiar la Torá está al alcance de toda persona, ya que abundan los autores y los libros. Pero en el pasado no era así, pues los libros al comienzo fueron escritos sobre pergaminos de cuero animal o papiro. Ese sistema estuvo vigente durante muchos siglos. Sin embargo, debido a que su producción era artesanal, el costo de producirlos era elevado y no se podían hacer demasiadas copias. Pero en el siglo xv se inventó la imprenta, dándose así el primer paso hacia la producción industrial.

Desde esa época, la industria del libro no dejó de perfeccionarse y crecer. Con la invención de la imprenta, la vida en el mundo cambió completamente. Y años más tarde, con la ayuda de los transportes, la

---

3. Rabí Ovadia de Bartenura Mishná, tratado de Avot 1:2.

palabra escrita podía llegar a cualquier lugar del globo terráqueo con relativa facilidad.

A finales del siglo XIX, el proceso de impresión se perfeccionó en gran manera gracias a la invención de la linotipia. En los años siguientes, el avance no se detuvo y las impresiones fueron cada vez más precisas y eficaces. Y con los adelantos tecnológicos, llegaba el abaratamiento de precios y la multiplicación de las ediciones.

En nuestro tiempo, los avances tecnológicos han posibilitado que el costo de un libro sea tan bajo como el de un simple emparedado. Y, además, irrumpió en el mercado la industria digital, que hizo caer más aún el costo de los libros. Y eso facilita enormemente la posibilidad de estudiar.

Y si se desea profundizar en el estudio y ocuparse de la Torá en forma dedicada, en la actualidad hay muchos maestros capacitados para aprender de ellos. Y también hay maestros selectos, que se han esforzado mucho en el estudio y saben cosas que otros desconocen. Además, gracias al desarrollo de los medios de transporte, también se puede llegar a ellos con mucha mayor facilidad que en el pasado.

Las ofrendas en la actualidad

Respecto a las ofrendas, en la actualidad no se realizan debido a que el Templo Sagrado no está en pie, y se reemplazan por las plegarias, que equivalen a las ofrendas. Tal como está escrito: «Y ocurrirá si oyereis Mis preceptos que Yo os ordeno hoy, de amar a El Eterno, vuestro Dios, y de servirlo con todos vuestros corazones y con toda vuestra alma; entonces, Yo daré las precipitaciones para vuestra Tierra en su momento, las lluvias tempranas y las tardías, y recogerás tu grano, tu vino y tu aceite» (Deuteronomio 11:12-13). ¿Y acaso hay servicio que se realiza con el corazón que no sea la plegaria? (Majzor Vitri, Mishná, tratado de Avot 1:2; Maimónides, leyes de Tefila 1:1). Y está escrito: «Tomad con vosotros palabras, y volved a El Eterno, y decidle: "Quita toda iniquidad, y acepta el bien, y te ofreceremos la ofrenda de nuestros labios"» (Oseas 14:3).

La magnitud de las obras de bondad

Y las obras de bondad es algo ilimitado, que trasciende todos los tiempos y las situaciones, y un medio que permite atraer la energía suprema y liberarse de duros flagelos, tal como fue enseñado: «Éstas son las cosas que no poseen límite establecido: dejar el extremo del sembrado para los pobres, las primicias, visitar el Templo Sagrado, las obras de bondad y el estudio de la Torá. Y éstas son las cosas que, al realizarlas, la persona come de sus frutos en este mundo, y el capital permanece intacto para él en el Mundo Venidero: honrar padre y madre, las obras de bondad, procurar la paz entre un hombre y su compañero; y el estudio de la Torá es considerado como todos ellos» (Mishná, tratado de Peá 1:1).

La base de la dicha

Respecto a los beneficios de estos tres pilares que mantienen el mundo, son muchos y muy valiosos.

Acerca de la Torá se enseñó: Rabí Meír decía: «Todo el que incondicionalmente se ocupa de la Torá merece muchos beneficios, y no sólo eso, sino que todo el mundo es propicio por él. Se lo denomina amigo, amado, amante del Omnipresente, amante de las criaturas (las personas), alegrador del Omnipresente, alegrador de las criaturas (las personas). (La Torá) lo viste de humildad y temor, y lo torna apto para ser justo, piadoso, recto y fiel, y lo aleja del pecado y lo acerca al mérito. Y (los demás individuos) aprovechan de él consejo y enseñanza, sabiduría y rigor (de la acción), como está dicho (acerca de la Torá): "Poseo consejo y la enseñanza; yo soy el entendimiento, mío es el rigor"» (Proverbios 8:14). Y le otorga reinado y gobierno, e indagación del juicio; y se le revelan los misterios de la Torá, y se torna como un manantial surgente, y como un río que no cesa (de fluir); es recatado, paciente y perdona su vergüenza; y (la Torá) lo engrandece y lo encumbra por sobre todos los hechos» (Mishná, tratado de Avot 6:1).

Y también fue enseñado: «La Torá es extraordinaria, pues ella da vida a los que la ponen por obra (estudiándola y cumpliéndola) en este mundo y en el Mundo Venidero. Como está dicho: "Porque (las palabras de Torá) son vida para los que las hallan, y medicina para todo su cuerpo" (Proverbios 4:22). Y está dicho: "Porque será medicina para tu cuerpo y humectante para tus huesos" (Proverbios 3:8). Y está dicho: "Es Árbol de Vida para los que se aferran a ella y los que la apoyan son bienaventurados" (Proverbios 3:18). Y está dicho: "Porque son prendedores de gracia para tu cabeza y collares para tu cuello" (Proverbios 1:9). Y está dicho: "Dará prendedores de gracia a tu cabeza; te otorgará corona de hermosura" (Proverbios 4:9). Y está dicho: "Largura de días hay en su derecha; en su izquierda, riquezas y honra" (Proverbios 3:16). Y está dicho: "Porque largura de días, y años de vida, y paz te serán aumentados" (Proverbios 3:2)» (Mishná, tratado de Avot 6:7).

Vemos que ocuparse del primer pilar mencionado que sostiene al mundo, la Torá, trae muchos beneficios deseables y provechosos. En el próximo capítulo observaremos un ejemplo, veremos la historia de un hombre que deseaba estudiar la Torá y logró sus objetivos, y alcanzó un nivel superlativo. Y, además, obtuvo una gran energía proveniente de lo Alto y enseñó profundos secretos de los tres pilares que sostienen al mundo.

II

El poder del empeño y la determinación

En este capítulo observaremos la historia de rabí Eliezer, un sabio que comenzó desde cero, se propuso estudiar la Torá y se dedicó a hacerlo con todas sus fuerzas.

De este hombre aprenderemos cosas maravillosas acerca del primer pilar sobre el cual se sostiene el mundo, y también de los demás. Veremos cuán maravilloso y deleitable es el estudio de la Torá, y cuán profundo es. También aprenderemos muchas cosas importantes de su vida personal, ya que tanto sus enseñanzas como sus vivencias están relacionadas con la esencia de la clave enseñada por los sabios para liberarse de los duros flagelos de la era de los talones.

La relevancia de la fuerza de voluntad

Ésta es la historia de rabí Eliezer: su padre, Urkanus, poseía tierras y labradores. Algunos realizaban su labor en los surcos y otros en tierra pedregosa (y con éstos estaba su hijo).

Una vez, Eliezer se sentó y lloraba desconsoladamente. Su padre se acercó y le preguntó:

—¿Por qué lloras? ¿Tal vez sufres porque trabajas en suelo pedregoso? ¡Desde ahora lo harás en los surcos!

Su hijo se sentó sobre los surcos y lloraba amargamente. El progenitor le preguntó:

—¿Por qué lloras? ¿Quizá porque trabajas en los surcos?

—¡No! –le respondió su hijo.

—¿Y por qué lloras?

—Porque deseo estudiar Torá.

Su padre le explicó:

—Ya tienes veintiocho años, ¿y pretendes estudiar Torá? Toma una mujer por esposa, ella te dará hijos y los podrás llevar a la academia para que estudien.

Transcurrieron dos semanas y el joven estaba compungido, por eso no probó bocado. Entonces, se le apareció el profeta Elías y le dijo:

—¡Hijo de Urkanus! ¿Por qué lloras?

—Porque deseo estudiar Torá –le respondió.

El profeta le dijo:

—Si deseas estudiar Torá, ve a Jerusalén, junto a rabí Yojanán, hijo de Zakay.

El joven Eliezer se levantó y fue junto a rabí Yojanán, hijo de Zakay.

Cuando llegó, se sentó y lloraba desconsoladamente. Rabí Yojanán, hijo de Zakay, se acercó y le preguntó:

—¿Por qué lloras?

—Porque deseo estudiar Torá.

—¿De quién eres hijo? –le preguntó el maestro.

Y el joven no se lo dijo.

Yojanán, hijo de Zakay, le preguntó:

—¿Nunca has estudiado el recitado del Shemá,[1] ni cómo recitar la plegaria al Creador, ni la bendición para después de comer pan?

—¡No!

—¡Levántate, que te enseñaré las tres! –le dijo el maestro.

Aun así, el muchacho se sentó nuevamente y lloraba.

---

1. Es el nombre de la oración que se menciona en el libro de Deuteronomio: «Oye Israel, El Eterno es nuestro Dios, El Eterno es Uno. Amarás a El Eterno, tu Dios, con todo tu corazón, con toda tu alma y con todo tu potencial. Y estas palabras que Yo te ordeno hoy estarán sobre tu corazón. Las enseñarás a tus hijos y hablarás de ellas cuando estés sentado en tu casa, y cuando andes por el camino, y cuando te acuestes y cuando te levantes. Las atarás como señal sobre tu brazo y estarán en la filacteria entre tus ojos. Y las escribirás sobre las jambas de tu casa y en tus portales» (Deuteronomio 6:4).

Rabí Yojanán, hijo de Zakay, se acercó y le dijo:

—Hijo mío, ¿por qué lloras?

—Porque quiero estudiar Torá.

Entonces el maestro comenzó a enseñarle dos leyes cada día de la semana. Y el discípulo las repasaba con mucho esmero.

La influencia del deseo de superase

De todos modos, el joven se privó de alimento durante ocho días, y salió de su boca un aliento muy desagradable frente a rabí Yojanán, hijo de Zakay. Entonces, el maestro se levantó apartándose de él.

El joven se sentó y lloraba.

Rabí Yojanán, hijo de Zakay, le preguntó:

—¿Por qué lloras?

El muchacho le respondió:

—Porque te has levantado de delante de mi presencia como alguien que se levanta frente a un apestado.

El erudito le dijo:

—¡Hijo mío! Así como salió un aliento desagradable de ti, de esa misma manera que ascienda el aroma de las leyes de la Torá de tu boca hasta el Cielo.

Después le preguntó nuevamente:

—¿De quién eres hijo?

—¡Soy hijo de Urkanus!

Rabí Yojanán, hijo de Zakay, dijo:

—Eres hijo de uno de los hombres poderosos que habitan el planeta, ¿y no me lo querías decir? ¡Hoy comes en mi casa!

—Ya comí en la de mis anfitriones –contestó el joven.

Rabí Yojanán, hijo de Zakay, le preguntó:

—¿Quiénes son tus anfitriones?

—Rabí Yeoshúa, hijo de Jananiá, y rabí Yosei.

El maestro envió a preguntar a sus anfitriones:

—¿Comió en vuestra casa Eliezer el día de hoy?

—¡No! –dijeron al mensajero– ¡Y ya hace ocho días que no come nada!

Tras este suceso, rabí Yeoshúa, hijo de Jananiá, y rabí Yosei Cohen se dirigieron personalmente a la residencia de rabí Yojanán, hijo de Zakay y le informaron de que hacía ocho días que no probaba bocado.

Las visitas de honor

Entretanto, los otros hijos de Urkanus plantearon a su padre:

—Asciende a Jerusalén para desheredar a tu hijo Eliezer, porque abandonó el trabajo y ya no se ocupa de las tierras.

El padre escuchó la propuesta y se dirigió a Jerusalén. Cuando llegó, se encontró con que era el día del cumpleaños de Yojanán, hijo de Zakay. Para la ocasión, se hallaban presentes los hombres más distinguidos de toda la nación, quienes participaban del banquete. Se encontraban allí los distinguidos potentados: Ben Tzitzit Hakeset, Nakdimón ben Gurión y Ben Calva Sabúa.

La causa del nombre de Ben Tzitzit Hakeset se debía a que la expresión *ben* significa hijo, *tzitzit* significa flecos, y *keset* significa alfombra. O sea, su nombre manifestaba: el que tenía los flecos sobre una alfombra, porque Ben Tzitzit Hakeset no los arrastraba nunca por el suelo, mostrando con ello ser alguien distinguido y honorable. Además, al estar su ubicación en las ceremonias por sobre los grandes de Jerusalén, era contemplado por la multitud y daba una imagen imponente.

Respecto a Nakdimón ben Gurión, se dijo que tenía suficiente capital como para alimentar a cada uno de los habitantes de Jerusalén con la cantidad de tres medidas *seá* (es el nombre de una medida de capacidad que equivale a 8294 centímetros cúbicos) de harina.

Acerca de Ben Calva Sabúa, dijeron: *calva* significa perro; *sabúa* significa saciado, porque el que entraba hambriento como un perro, salía de su casa totalmente saciado. Y tenía una cantidad de cuatro medidas *cur* (es el nombre de una medida de capacidad que equivale a 248,8 litros) de oro molido disperso en jardines.

Un manantial de aguas surgentes

Cuando iba a llegar el progenitor de rabí Eliezer, le dijeron (a rabí Yojanán, hijo de Zakay):

—El padre de rabí Eliezer viene.

—¡Háganle un lugar! –pidió–. Y lo hicieron sentar junto a él.

Entonces rabí Yojanán, hijo de Zakay, dirigió sus ojos hacia rabí Eliezer y le dijo:

—¡Dinos algo de la Torá!

Rabí Eliezer respondió:

—Maestro, pondré un ejemplo para manifestar a qué se asemeja esto (que me solicitas). Se asemeja a un pozo, al que no se le puede extraer más agua de la que se le introduce. Recíprocamente, yo no puedo decir palabras de Torá más de lo que aprendí de ti.

Rabí Yojanán, hijo de Zakay, le dijo:

—Te responderé mediante un ejemplo para manifestar a qué se asemeja esto (referente a tu capacidad). Se asemeja a un manantial de aguas surgentes, el cual tiene suficiente fuerza para hacer surgir más agua de la que entra en él a través de las lluvias o la afluencia de ríos. Recíprocamente, eso ocurre contigo; puedes hacer surgir más Torá de la que se recibió en el monte Sinaí.

Después, rabí Yojanán, hijo de Zakay, dijo:

—¿Quizá te avergüenzas por mi presencia? Entonces me levantaré de ante de ti.

La actitud prudente y apropiada

El maestro se puso de pie y salió. Y rabí Eliezer comenzó a disertar y su rostro resplandecía como la luz del sol. Además, brotaba de él un brillo similar al que poseía Moisés cuando descendió del monte Sinaí. Y ninguna persona sabía si era día o noche.

Rabí Yojanán, hijo de Zakay, vino por detrás y lo besó en su cabeza. Después dijo:

—Bienaventurados Abraham, Isaac y Jacob, que éste salió de ellos.

El secreto de la abundancia

Urkanus, al escuchar eso, preguntó:

—¿A quién le dijo eso?

Le dijeron:

—A tu hijo Eliezer.

Urkanus dijo:

—No tenía que decir así, sino bienaventurado yo, que este hijo salió de mí.

Rabí Eliezer permanecía sentádo disertando, y su padre se acercó y estaba de pie, a sus pies. Entonces, cuando el joven vio a su padre de pie, a sus pies, se estremeció, y le dijo:

—Padre, siéntate, porque no puedo pronunciar palabras de Torá si tú estás de pie.

El progenitor le dijo:

—Hijo mío, no he venido hasta aquí para esto, sino para desheredarte. Y ahora que te veo y aprecio toda esta alabanza, he aquí que tus hermanos son desheredados y todas las propiedades son dadas a ti como obsequio.

Rabí Eliezer le respondió:

—Yo soy como uno de ellos. Si hubiese solicitado tierras, El Santo, Bendito Sea, me las daría, como está dicho: «De El Eterno es la tierra y todo lo que hay en ella, el mundo y los que en él habitan» (Salmos 24:1). Si hubiese solicitado plata y oro, me daría, como está dicho: «Mía es la plata y Mío es el oro, dijo El Eterno de los ejércitos» (Hageo 2:8). Pero no pedí delante de El Santo, Bendito Sea, sino solamente Torá, como está dicho: «Por eso me conduje con rectitud con todos Tus preceptos, con la totalidad (de los mismos), y aborrecí todo sendero de mentira» (Salmos 119:128) (Pirkey de Rabí Eliezer, capítulos I y II).

Estudios sublimes reveladores

Tal como vimos, el maestro comparó a rabí Eliezer con un manantial de aguas surgentes, el cual tiene suficiente fuerza para hacer surgir más agua de la que entra en él. Y anteriormente hemos mencionado que «todo el que se ocupa de la Torá incondicionalmente, merece muchos beneficios, y no sólo eso, sino que todo el mundo es propicio por él […] Y se le revelan los misterios de la Torá, y se torna como un manantial surgente, y como un río que no cesa (de fluir)». Y esa capacidad quedó reflejada en sus enseñanzas que constan en los libros del Talmud y el Midrash, y también en el libro Pirkey de Rabí Eliezer. Porque abordó todo tipo de temas y los abrió de una manera magistral. Incluso lo relacionado con la ciencia y el futuro.

A continuación, veremos un ejemplo extraordinario. En el libro de Jonás se narra que un pez se lo tragó en medio del mar y lo guardó en su interior, y después lo devolvió a tierra firme. Y en la travesía ocurrieron sucesos sorprendentes que encierran misterios y secretos recónditos. Y rabí Eliezer los explicó de manera magistral, mencionando sus propias enseñanzas y enseñanzas relevantes de otros grandes sabios.

Veamos primeramente lo que está escrito en el libro de Jonás, y después la explicación de rabí Eliezer. Está escrito: «Vino palabra de El Eterno a Jonás, hijo de Amitai, diciendo:

—¡Levántate! ¡Ve a Nínive, esa gran ciudad, y pregona contra ella! Porque su maldad ha subido delante de Mí.

Y Jonás se levantó para huir a Tarsis, de ante la presencia de El Eterno, y descendió a Yafo, y halló una embarcación que se dirigía a Tarsis; y pagó su pasaje, y entró en ella para ir con ellos a Tarsis, de ante la presencia de El Eterno. Y El Eterno envió un gran viento hacia el mar, y hubo en el mar una tempestad muy grande, y se pensó que la embarcación se quebraría. Y los tripulantes sintieron temor, y cada hombre clamó a su dios, y arrojaron al mar los enseres que había en la embarcación para alivianarla de ellos; y Jonás bajó al interior de la embarcación, y se acostó y durmió.

Y el capitán de la embarcación se acercó a él y le dijo:

—¿Por qué duermes? ¡Levántate y clama a tu Dios! Quizá Dios nos considere (a través de la plegaria), y no moriremos.

Y se dijeron un hombre a su compañero:

—Venid y echemos suertes, y sepamos por causa de quién nos ha venido este mal».

La revelación de Jonás

Y echaron suertes, y la suerte cayó sobre Jonás. Y le dijeron:

—Dinos ahora por causa de quién ha venido este mal sobre nosotros; ¿cuál es tu labor y de dónde vienes? ¿Cuál es tu tierra y de qué pueblo eres?

Y les dijo:

—Soy hebreo, y temo a El Eterno, Dios de los Cielos, que hizo el mar y la tierra firme.

Y los hombres temieron, sintiendo un gran temor, y le dijeron:

—¿Qué es esto que has hecho?

Porque ellos sabían que huía de la presencia de El Eterno, pues se lo había dicho. Y le dijeron:

—¿Qué te hemos de hacer y (a través de eso) se nos aplaque el mar?

Porque la agitación del mar aumentaba. Y les dijo:

—Tomadme y echadme al mar, y el mar se os aplacará; porque yo sé que por mi culpa se ha producido esta gran tempestad sobre vosotros.

Y los hombres se esforzaron para hacer volver (la embarcación) a tierra firme, y no pudieron, porque la agitación del mar aumentaba contra ellos. Y clamaron a El Eterno y dijeron:

—Te rogamos, ahora, El Eterno, que no muramos por la vida de este hombre y no consideres sobre nosotros (el derramado de) sangre inocente; porque Tú, El Eterno, has hecho conforme a tu deseo.

Tres días en el interior de un pez

Y tomaron a Jonás, y lo echaron al mar; y el mar se aplacó de su furia. Y los hombres temieron con gran temor a El Eterno, y ofrecieron ofrendas a El Eterno e hicieron votos. Y El Eterno había preparado un gran pez para que se tragase a Jonás; y Jonás permaneció en el vientre del pez durante tres días y tres noches. Y Jonás oró a El Eterno, su Dios, desde el vientre del pez. Y dijo:

—Clamé a El Eterno a causa de mi aflicción, y me respondió; imploré desde el seno del Seol, y Tú has escuchado mi voz.

Me has echado a las profundidades, al corazón de los mares, y me rodeó el torrente; todas tus ondas y tus olas pasaron sobre mí (mientras estaba en el interior del pez).[2] Y yo dije: «He sido expulsado de delante de Tus ojos; pero aún veré Tu templo sagrado. Las aguas me envolvieron hasta el alma, el abismo me rodeó; las algas se enmarañaron a mi cabeza. Descendí a los confines de los montes; la tierra echó sus cerrojos sobre mí definitivamente; y Tú harás ascender mi vida de la sepultura, El Eterno, mi Dios. Cuando mi alma desfallecía en mí, recordé a El Eterno, y mi oración llegó a Ti, en tu Templo Sagrado. Aquellos que guardan las vanidades (deidades) abandonan su misericordia. Y yo, con voz de alabanza, te ofreceré ofrenda, cumpliré el voto que he hecho; la salvación es de El Eterno».

Y El Eterno dijo al pez, y expelió a Jonás en tierra firme (Jonás, caps. I y II).

El misterio de la actitud de Jonás

Rabí Eliezer explicó: ¿Por qué huyo Jonás? La razón es porque la primera vez, El Eterno lo envío para restaurar los límites de Israel, y sus palabras se mantuvieron, como está dicho: «Él restauró los límites de Israel, desde la entrada de Jamat hasta el mar del Arabá, conforme a la palabra de El Eterno, Dios de Israel, que había hablado a través de su siervo Jonás, hijo de Amitai, el profeta, de Gat Hajefer» (II Reyes 14:25).

La segunda vez lo envió a Jerusalén para destruirla. Pero debido a que las personas se rectificaron, El Santo, Bendito Sea, hizo conforme a sus grandes misericordias y se apiadó, dejando el mal, y no la destruyó. Y los miembros de Israel lo llamaban falso profeta.

La tercera vez lo envió a Nínive. Y Jonás hizo un juicio entre él y sí mismo, y dijo: «Yo sé que esta nación está próxima a la rectificación; ahora, ellos se rectifican y El Santo, Bendito Sea, arroja su furor contra Israel, y no sólo que los de Israel me llamarán falso profeta, sino que también los pueblos del mundo. He aquí que huiré a un lugar acerca del cual no fue dicho que Su gloria está allí. Y si fuese a los Cielos, está

---

2. Metzudat.

dicho que Su gloria está allí, como está dicho: "Y en los Cielos está Su gloria" (Salmos 113:4). Respecto a la Tierra, fue dicho que Su gloria está allí, como está dicho: "Llena toda la Tierra con Su gloria" (Isaías 6:3). He aquí que huiré a un lugar acerca del cual no fue dicho que Su gloria está allí».

Entonces Jonás descendió a Yafo, y no halló allí una embarcación para descender en ella. Y la embarcación en la cual descendió Jonás se encontraba lejos de Yafo, a una distancia de dos días, para probar a Jonás. ¿Qué hizo El Santo, Bendito Sea? Hizo que viniera sobre ella un viento tempestuoso en el mar, y la llevó de regreso a Yafo. Y Jonás vio y se alegró en su corazón, y dijo:

—Ahora yo sé que mi camino está allanado ante mí.

Les dijo:

—Descenderé con vosotros.

Le dijeron:

—Nosotros vamos a las islas del mar de Tarsis.

Les dijo:

—Iré con vosotros.

Y en toda embarcación es habitual que una persona cuando sale de la misma abone el pasaje, y Jonás, debido a que se alegró en su corazón, se adelantó y les entregó el pago por anticipado, como está dicho: «Y Jonás se levantó para huir a Tarsis, de ante la presencia de El Eterno, y descendió a Yafo, y halló una embarcación que se dirigía a Tarsis; y pagó su pasaje, y entró en ella para ir con ellos a Tarsis, de ante la presencia de El Eterno» (Jonás 1:3).

La travesía en el mar

Transcurrió un día desde que zarparon y se levantó sobre ellos un viento tempestuoso en medio del mar, a la izquierda y a la derecha de ellos. Y es común en todas las embarcaciones que vayan y vengan en paz con el mar calmo, y la embarcación en la cual descendió Jonás se hallaba en una gran aflicción, como está dicho: «Y El Eterno envió un gran viento hacia el mar, y hubo en el mar una tempestad muy grande, y se pensó que la embarcación se quebraría» (Jonás 1:4).

28

Dijo rabí Janina: En la embarcación había hombres de las 70 lenguas (que se hablaban en el mundo), y cada uno de ellos tenía su deidad en su mano, como está dicho: «Y los tripulantes sintieron temor, y cada hombre clamó a su dios» (Jonás 1:5). Y se prosternaron y dijeron:

—Cada hombre invoque a su dios, y será que el Dios que responda y nos salve de esta ficción, ése es Dios.

Y cada hombre clamó a su dios, y no les fue de ayuda. Y Jonás, en medio de la aflicción de su alma, se acostó y se durmió. Y el capitán de la embarcación se dirigió a él y le dijo:

—He aquí que nosotros estamos entre la vida y la muerte, ¿y tú te acuestas y duermes? ¿De qué pueblo eres?

Le dijo:

—Soy hebreo.

Le dijo:

—Hemos oído que el Dios de los hebreos es grande. ¡Levántate! ¡Invoca a tu Dios! Quizá Dios se apiade de nosotros y nos haga milagros, como os hizo a vosotros en el Mar de Juncos.[3]

---

3. Como está escrito: «Y los egipcios los persiguieron, y los alcanzaron acampando ellos junto al mar; con toda la caballería y los carros del Faraón, sus oficiales, y su ejército, en Pi Hajirot, delante de Baal Tzefon. El Faraón se acercó, y los hijos de Israel levantaron sus ojos, y he aquí que Egipto venía tras ellos. Y los hijos de Israel temieron en gran manera, y clamaron a El Eterno […] Y Moshé dijo al pueblo: "¡No temáis! Poneos de pie, y contemplad la salvación que El Eterno hará hoy con vosotros; porque lo que habéis visto hoy, a los egipcios, nunca más los volveréis a ver. El Eterno combatirá por vosotros, y vosotros estaréis en silencio". Dijo El Eterno a Moshé: "¿Por qué clamas ante Mí? Habla a los hijos de Israel y que marchen. Y tú, levanta tu vara y extiende tu brazo sobre el mar, y pártelo –ubekaehu–; y los hijos de Israel vendrán por en medio del mar, sobre lo seco" […] Y se desplazó el ángel de Dios que iba delante del campamento de Israel, y fue tras ellos; y la columna de nube que iba delante de ellos se desplazó y se ubicó tras ellos. Y vino entre el campamento de Egipto y el campamento de Israel, y fue nube y oscuridad (para los egipcios), y alumbraba la noche (para los hijos de Israel), y no se acercaron éste a éste en toda esa noche. Y extendió Moshé su mano sobre el mar y El Eterno hizo que el mar se desplazara con un fuerte viento oriental durante toda la noche, y puso en el mar sequedad, y las aguas se partieron –vaibaku–. Los hijos de Israel entraron al mar, en seco; y las aguas les eran por muro, a la derecha de ellos, y a la izquierda de ellos. Y los persiguieron los egipcios y fueron tras ellos por el interior del mar, todos los caballos del Faraón, sus carros y sus jinetes. Y al ama-

Les dijo:

—No os lo ocultaré, porque esta aflicción os viene por mí. Tomadme y echadme al mar, y el mar se os aplacará.

A esto se refiere lo que está escrito: «Y les dijo: "Tomadme y echadme al mar, y el mar se os aplacará; porque yo sé que por mi causa se ha producido esta gran tempestad sobre vosotros"» (Jonás 1:12).

La observación de la suerte

Dijo rabí Shimon: Los hombres no aceptaron arrojar a Jonás al mar, y echaron suertes sobre ellos, y echaron suerte sobre Jonás, como está dicho: «Y se dijeron un hombre a su compañero: "Venid y echemos suertes, y sepamos por causa de quién nos ha venido este mal"; y echaron suertes, y la suerte cayó sobre Jonás» (Jonás 1:7). ¿Qué hicieron? Tomaron los enseres que había en la embarcación y los arrojaron al mar para alivianar de ellos. Y no les ayudó nada. Quisieron hacer volver la embarcación a tierra firme, y no pudieron. ¿Qué hicieron? Tomaron a Jonás y se situaron en el extremo de la embarcación, y dijeron: «Te rogamos, ahora, El Eterno, que no muramos por la vida de este hombre, y no consideres sobre nosotros (el derramado de) sangre inocente» (Jonás 1:14). Porque nosotros no sabemos qué ocurre con este hombre.

---

necer ocurrió que El Eterno observó el campamento de Egipto con una columna de fuego y nube, y trastornó el campamento de Egipto. Y quitó las ruedas de sus carros e hizo que desplazaran con dificultad; y dijo Egipto: «Huiré de delante de Israel, porque El Eterno está guerreando para ellos contra Egipto". Y dijo El Eterno a Moshé: "Extiende tu mano sobre el mar y volverá el agua sobre Egipto, sobre sus carros y sobre sus jinetes". Y extendió Moshé su mano sobre el mar, y por la madrugada el agua volvió a recobrar su poder, y los egipcios huían en su dirección; y El Eterno agitó a Egipto en medio del mar. Y el agua volvió y cubrió los carros y los jinetes de todo el regimiento del Faraón que venían tras ellos en el mar; no quedó de ellos ninguno. Y anduvieron los hijos de Israel sobre lo seco en medio del mar; y el agua era para ellos por muro, a la derecha de ellos y a la izquierda de ellos. Y El Eterno salvó en ese día a Israel de mano de Egipto, e Israel vio a Egipto muerto en la orilla del mar. Y vio Israel la mano grande, lo que El Eterno hizo a Egipto; y el pueblo temió a El Eterno, y creyeron a El Eterno y Moshé, su siervo» (Éxodo 14:9 a 31).

Les dijo: «Esta aflicción que os ha venido es por mí». «Tomadme y echadme al mar». Inmediatamente lo tomaron y lo echaron (al mar) hasta sus rodillas, y el furor del mar se aplacó. Lo volvieron a tomar con ellos, y el mar volvió a enfurecerse. Lo echaron (al mar) hasta su ombligo, y el furor del mar se aplacó. Lo ascendieron junto a ellos, y el mar volvió a enfurecer. Lo echaron (al mar) hasta su cuello, y el furor (del mar) se aplacó. Y nuevamente lo volvieron a ascender con ellos, y el mar volvió a enfurecerse. Lo echaron en su totalidad, e inmediatamente el furor del mar se aplacó.

Un pez muy especial

Dijo rabí Tarfon: El pez estaba preparado para tragar a Jonás desde los seis días de la creación, como está dicho: «Y El Eterno había preparado un gran pez para que tragase a Jonás» (Jonás 2:1).

Entró por su boca como un hombre que entra a una casa grande de reunión, y estuvo de pie. Y los dos ojos del pez eran dos ventanas transparentes que iluminaban a Jonás. Dijo rabí Meir: Tenía una perla colgada en las entrañas del pez que le iluminaba a Jonás como el sol que ilumina al mediodía, y le mostraba todo lo que había en el mar y en las profundidades. Y acerca de él está escrito: «La luz está sembrada para los justos» (Salmos 97:11).

El anuncio del pez

El pez dijo a Jonás:

—¿No sabes que ha llegado mi día de ser comido por la boca del Leviatán?

Jonás le dijo:

—Llévame ante él.

Jonás dijo al Leviatán:

—He descendido por ti, para ver el lugar de tu morada, porque yo en el futuro colocaré un anzuelo en tu lengua y te ascenderé para degollarte para la gran comida de los justos.

31

Entonces le mostró el pacto de Abraham. Y dijo:

—Mira el pacto.

El Leviatán miró, y huyó de la presencia de Jonás a una distancia de dos días. Le dijo al pez:

—He aquí que te he salvado de la boca de Leviatán. ¡Muéstrame todo lo que hay en el mar y en las profundidades!

Y le mostró el gran torrente y las aguas del océano, como está dicho: «El abismo me rodeó» (Jonás 2:6). Y le mostró el Mar de Juncos, por el interior del cual pasaron los del pueblo de Israel, como está dicho: «Las algas –suf– se enmarañaron a mi cabeza» (Ibíd.). Y le mostró el lugar del rompiente de las olas del mar, y sus ondas que salen de él, como está dicho: «Todas tus ondas y tus olas pasaron sobre mí» (Jonás 2:4). Y le mostró las columnas de la tierra y su fundamento, como está dicho: «Descendí a los confines de los montes; la tierra echó sus cerrojos sobre mí definitivamente» (Jonás 2:7). Y le mostró el Purgatorio –Gueinom–, como está dicho: «Y Tú harás ascender mi vida de la sepultura, El Eterno, mi Dios» (Ibíd.). Y le mostró el Seol inferior, como está dicho: «Imploré desde el seno del Seol, y Tú has escuchado mi voz» (Jonás 2:3). Y le mostró el Templo de El Eterno, como está dicho: «Descendí a los confines de los montes» (Jonás 2:7). Aprendemos de aquí que Jerusalén está sobre siete montañas. Y le mostró la piedra fundamental fijada en las profundidades del abismo, debajo del Templo de El Eterno, y los hijos de Coré –Koraj–, que están de pie y oran sobre ella.

La plegaria debajo del agua

El pez le dijo:

—¡Jonás! He aquí que tú estás debajo del Templo de El Eterno; ora y serás respondido.

Jonás le dijo al pez:

—Detente en el lugar en que te encuentras, porque yo deseo orar.

El pez se detuvo y Jonás comenzó a orar ante El Santo, Bendito Sea, y dijo ante Él:

—Amo del universo, te denominas (el que) «hace ascender y hace descender». He descendido y me has hecho ascender. Te denominas (el que) «da la muerte y da vida»[4] (I Samuel 2:6). He aquí que mi alma llegó a la muerte, y me has dado la vida.

Y no fue respondido hasta que salió de su boca esto, y dijo: «Y yo, con voz de alabanza, te ofreceré ofrenda, cumpliré el voto que he hecho; la salvación es de El Eterno» (Jonás 2:10). Pues he hecho un voto de ascender al Leviatán para degollarlo ante Ti, y lo cumpliré en el día de la salvación de Israel. Inmediatamente, El Santo, Bendito Sea, hizo una señal, y expelió a Jonás, como está dicho: «Y El Eterno dijo al pez, y expelió a Jonás en tierra firme» (Jonás 2:11) (Pirkey de Rabí Eliezer 2:11).

Sabiduría que fluye cual manantial

Observamos la gran capacidad de rabí Eliezer para explicar los pasajes bíblicos en forma magistral, abriendo temas muy complicados, y explicándolos de manera brillante. Y no sólo eso, sino también abordando el aspecto científico, deduciendo de los versículos enseñanzas que se conocerían en un futuro lejano, ya que este libro, Pirkey de Rabí Eliezer, fue escrito hace más de 2000 años, y vemos cómo describe un submarino, tal como conocemos hoy en día. Pero se sabe que, tal como fue enseñado, la Torá contiene todas las ciencias (Tiferet Israel: Mishná, tratado de Avot 1:3). Y rabí Eliezer fue capaz de analizar incluso ese aspecto. Y, además, se refirió a los tres pilares del mundo, hasta llegar al final de los tiempos, tal como menciona acerca de la preparación del Leviatán, que será con la Redención final, tal como fue enseñado por los sabios a partir de las profecías bíblicas. Y hemos visto también su enseñanza acerca del servicio, y la plegaria, cuán valioso y poderoso es. Y a continuación observaremos lo que rabí Eliezer enseñó acerca de las obras de bondad, el tercer pilar que sostiene al mundo.

---

4. «El Eterno da la muerte y da vida; Él hace descender al Seol, y hace subir» (I Samuel 2:6).

III

La enseñanza del jardín del Edén

A continuación, observaremos una enseñanza trascendental acerca de las obras de bondad, a partir de la Obra de la Creación y el jardín del Edén, para saber cuán importantes son y el poder que tienen para darnos dicha, paz y sosiego.

Esto enseñó rabí Eliezer: El Santo, Bendito Sea, dio a Adán, el primer hombre, un gran cariño, porque lo creó de un lugar puro y sagrado. ¿Y de qué lugar lo tomó (al material para crearlo)? Del lugar del Templo Sagrado. Y lo introdujo en su mansión, como está escrito: «El Eterno Dios tomó al hombre y lo puso en el jardín del Edén para que lo trabajara y lo guardara» (Génesis 2:15).

¿Y qué trabajo había en el jardín para que se dijera «para que lo trabajara y lo guardara»? ¿Acaso puedes suponer que había labor en el jardín del Edén, como vendimiar los viñedos, y arar y emparejar la tierra, o acopiar, o segar? ¡Pero he aquí que todos los árboles crecían por sí solos![1] ¿Y acaso puedes decir que había labor en el jardín del Edén para regar el jardín? Ciertamente que no, porque un río surgía y salía

---

1. Y a esto se refiere lo que está escrito: «Y El Eterno Dios plantó un jardín en el Edén, al oriente, y puso allí al hombre que había formado. Y El Eterno Dios hizo surgir de la tierra todo árbol agradable a la vista y bueno para alimento; y al Árbol de la Vida, en medio del jardín, y al Árbol del Conocimiento del Bien y del Mal» (Génesis 2:8-9).

del Edén, como está escrito: «Y del Edén sale un río para regar el jardín» (Génesis 2:10).

El trabajo en el jardín del Edén

Siendo así, ¿a qué se refiere «para que lo trabajara y lo guardara»? La respuesta es ésta: (se refiere al trabajo con la Torá y al guardado de su camino) para que se ocupara de las palabras de la Torá, y para que guardara el camino del Árbol de la Vida. Y el Árbol de la Vida no se refiere sino a la Torá, cómo está dicho: «Es árbol de vida para los que se aferran a ella; y dichoso el que la apoya» (Proverbios 3:18).

Y (Adán) se paseaba por el jardín del Edén como uno de los ángeles celestiales servidores, y El Santo, Bendito Sea, dijo: Yo soy único en mi mundo y éste es único en su mundo. Yo, no (tengo complemento y no) hay ante mí fructificación y reproducción, y ante él no hay fructificación y reproducción. Y después las creaciones dirán: ya que no hay ante él fructificación y multiplicación, él es quién nos ha creado. «Y El Eterno Dios dijo: "No es bueno que el hombre esté solo; le haré un complemento frente a él"» (Génesis 2:18). Dijo Rabí Yehuda: si lo merece, le será por «complemento», y si no, estará «frente él» para lidiar.

El estremecimiento de la Tierra

Debido a que la Tierra oyó esas palabras, tembló y se estremeció. Dijo ante su Creador:

—Amo de todos los mundos, no tengo fuerza para sustentar la prole del hombre.

Y El Santo, Bendito Sea, le dijo:

—Yo y tú sustentaremos la prole del hombre.

Y se dividió, la noche para El Santo, Bendito Sea, y el día para la Tierra. ¿Qué hizo El Santo, Bendito Sea? Creó el sueño vivificante; y el hombre se acuesta y duerme, y tiene sustento, y salud, y vida, y descanso, como está dicho: «Dormí y entonces tuve descanso» (Job 3:13). Y El Santo, Bendito Sea, sostiene a la Tierra, y la humecta, y ella produce sus frutos y alimento para todas las creaciones. Pero los alimentos del hombre: «Con aflicción comerás de ella todos los días de tu vida» (Génesis 3:17).

El encuentro de Adán con Eva

Y El Santo, Bendito Sea, se apiadó de él para no hacerle sufrir, e hizo caer sueño adormecedor sobre él, y durmió, y tomó uno de esos costados de sus huesos, y carne de su corazón, y le hizo un complemento –una mujer–, y la puso de pie ante él. Y despertó de su sueño y la vio que estaba ante él, e inmediatamente la abrazó y la besó, y dijo:

—Bendita eres tú para El Eterno; hueso de mis huesos, y a ti es apropiado llamarte Mujer –*ishá*–, como está dicho: «El Eterno Dios hizo caer sueño adormecedor sobre el hombre, y se durmió; entonces tomó uno de sus costados y cerró la carne en su lugar. Y El Eterno Dios construyó con el costado que tomó del hombre una mujer y la trajo al hombre. Y el hombre dijo: "Ésta es ahora hueso de mis huesos y carne de mi carne; ésta será llamada mujer –*ishá*–, porque del hombre –*ish*– fue tomada"» (Génesis 2:21-23).

Cuando el hombre estaba solo, su nombre era llamado Adam –Adán–. Dijo rabí Yeoshúa, hijo de Korja: se denomina su nombre Adam por la carne y la sangre –*dam*–. Y desde que le fue creado un complemento, la mujer, se lo denomina varón, y a ella, mujer. ¿Qué hizo El Santo, Bendito Sea? Colocó su Nombre (que se escribe con las letras) *yud* y *he*, entre ellos. Entonces, si andan en mis caminos y guardan mis preceptos, mi Nombre está entre ellos, y los salva de toda aflicción. Y si no, he aquí que tomo mi Nombre de ellos, y ellos se convierten en fuego con fuego,[2] y el fuego devora al fuego, como está dicho: «Porque es fuego que devoraría hasta la destrucción» (Job 31:12).

---

2. La expresión *ish,* que significa hombre, se escribe con las letras hebreas *alef, yud y shin.* Y la expresión *esh* qué significa fuego, se escribe con las letras hebreas *alef y shin.* Se observa que la letra *yud* separa las letras *alef y shin.* Resulta que quitando la letra *yud,* quedan las letras *alef y shin,* que forman la palabra *esh. Y ishá,* que significa mujer, se escribe con las letras hebreas *yud, shin y he.* Y quitando la letra *he,*

El casamiento de Adán y Eva

El Santo, Bendito Sea, hizo diez palios nupciales a Adán en el jardín del Edén, y todos de piedras preciosas y perlas, y con oro. ¿Pero a todo novio no se le hace sino un solo palio nupcial, y a un rey no le hacen sino tres palios nupciales? La respuesta es ésta: para dar honor a Adán, el primer hombre, El Santo Bendito Sea le hizo diez palios nupciales en el jardín del Edén, como está escrito: «En el Edén, en el Jardín de Dios has estado; toda piedra preciosa de tu palio nupcial: rubí, esmeralda y perla, crisolito, berilo y jaspe; zafiro, carbúnculo y topacio, y oro;[3] la obra de los tamboriles e instrumentos con orificios estuvieron preparados para ti en el día de tu creación» (Ezequiel 28:13). He aquí que éstos eran los diez palios nupciales. Y los ángeles celestiales servidores hacían sonar los tamboriles y bailaban como doncellas, como está dicho: «La obra de los tamboriles e instrumentos con orificios –*nekabeja*–»[4] (Ibíd.), en el día que fue creado Adán, el primer hombre, como está dicho: «Estuvieron preparados para ti en el día de tu creación» (Ibíd.).

El Santo, Bendito Sea, dijo a los ángeles celestiales servidores: Venid y hagamos bondad a Adán, el primer hombre, y a su complemento, porque el mundo se mantiene por las obras de bondad. Dijo El Santo, Bendito Sea: las obras de bondad –*guemilut jasadim*– son más preciadas que los sacrificios y las ofrendas ígneas que en el futuro los hijos de Israel ofrecerán ante mí sobre el altar, como está dicho: «Porque deseo bondad, y no sacrificio» (Oseas 6:6). Y los ángeles celestiales servidores eran como padrinos que guardaban los palios nupciales, como está dicho: «Porque te mandará a sus ángeles para que te guarden en todos tus caminos» (Salmos 91:11). Y no hay en la expresión «tus caminos» sino una alusión al camino de los novios, como el casamentero –*jazan*–, pues así como es el camino (el modo) del casamentero, estar de pie y bendecir a la novia en el palio nupcial, así El Santo, Bendito Sea, estu-

---

quedan las letras *alef* y *shin,* que forman la palabra *esh.* Y las letras *yud* y *he* son las dos letras iniciales del Nombre de El Santo, Bendito Sea, el Tetragrama.

3. Se mencionan diez componentes.

4. La expresión *nekabeja* significa también mujeres.

vo de pie y bendijo a Adán y a su complemento, como está dicho: «Y Dios los bendijo» (Génesis 1:28).[5] (Pirkey de Rabí Eliezer XII).

La obra selecta

La declaración «Las obras de bondad –*guemilut jasadim*– son más preciadas que los sacrificios y las ofrendas ígneas» enseña cuán preciado es ante El Eterno esta acción, y cuán grandes son los beneficios que se obtienen poniéndola por obra. Por eso, en el próximo capítulo estudiaremos especialmente este asunto para compenetrarnos debidamente con éste y aprender cómo llevarlo a la práctica de manera apropiada, aprendiendo de sabios y hombres de bien que nos brindaron grandes enseñanzas al respecto.

---

5. «Y Dios los bendijo y les dijo Dios: "Fructificaos y multiplicaos, y llenad la tierra y poseedla, y dominad sobre los peces del mar, y sobre las aves de los Cielos, y sobre todos los seres vivientes que se arrastran sobre la tierra"».

III

Los beneficios de la bondad

El famoso sabio Israel Meir Hacohen compuso un libro que tituló *Amor de la Bondad*. En esa obra enseñó que El Santo, Bendito Sea, nos ama, y desea que nosotros actuemos con bondad y amor. En la introducción a su obra escribió: En primer lugar, considerad que toda la Torá está colmada de bondad. Y la razón es para que la persona reflexione, y considere, cuán preciado es el asunto de la bondad en los ojos de El Santo, Bendito Sea.

Considérese que El Eterno hace bondad con todas sus creaciones, como está escrito: «Da alimento a todo ser viviente, porque eterna es su bondad» (Salmos 136:25). Y El Eterno ordenó que vayamos por sus caminos, que son los caminos de la bondad, la misericordia, y la piedad. Como está escrito: «Y ahora, Israel, ¿qué solicita de ti El Eterno, tu Dios? Únicamente que temas a El Eterno, tu Dios, para andar por todos sus caminos, y que lo ames, y sirvas a El Eterno, tu Dios, con todo tu corazón y con toda tu alma […]» (Deuteronomio 10:12). Y consta en el libro Sifrei: Éstos son los caminos de El Santo, Bendito Sea, como está dicho: «Y Moisés labró dos tablas de piedra […] Y El Eterno descendió en una nube y se ubicó allí junto a él, y proclamó en el nombre El Eterno. Y El Eterno pasó ante él y proclamó: "¡El Eterno! ¡El Eterno! Dios, misericordioso y clemente, tardo para la ira y grande en bondad y verdad […]» (Éxodo 34:4-6).

Asimismo, está escrito: «Hombre, te diré lo que es bueno, y qué solicita El Eterno de ti: únicamente hacer justicia, y amar la bondad, y conducirte recatadamente ante tu Dios» (Miqueas 6:8). Y todo esto es únicamente para nuestro beneficio, tal como culmina la cita bíblica previamente mencionada, porque después de especificarse al comienzo: «Únicamente que temas a El Eterno, tu Dios, para andar por todos sus caminos», está escrito al final de esa declaración: «para tu beneficio» (Deuteronomio 10:13).

La abundancia de bien

Es decir, de acuerdo con la forma en que la persona se habitúe a actuar con la medida del bien y la bondad todos sus días, así, según este parámetro, recibirá posteriormente la abundancia de bien y mucha bondad de El Santo, Bendito Sea, en este mundo y en el Mundo Venidero. Y en numerosos lugares de los Escritos sagrados y también en las palabras de los sabios, de bendita memoria, hallamos que esta cualidad sagrada fue comparada con la Torá, tanto para salvarse a través de ella de toda aflicción en el presente y también en el futuro, y tanto para merecer a través de ella todo bien.

Asimismo, hacer bondad sirve para expiar por las faltas de la persona, como está escrito: «Con bondad y verdad se expía el pecado» (Proverbios 16:6). Y los sabios dijeron:[1] bondad –jesed– se refiere a realizar obras de bondad –guemilut jasadim–, como está dicho: «Quien persigue la justicia y la bondad hallará la vida, la justicia y el honor» (Proverbios 21:21). Y «verdad» se refiere a la Torá, como está dicho: «Adquiere verdad, y no la vendas; sabiduría, instrucción y entendimiento» (Proverbios 23:23).

Además, consta en el tratado Avot de Rabí Natán que una vez, rabí Yojanán, hijo de Zakay, salía de Jerusalén. Rabí Yehoshúa iba detrás de él y vio el Templo Sagrado destruido. Rabí Yehoshúa dijo: ¡Ay de nosotros! Porque el lugar en el cual se expiaban los pecados de Israel está destruido. Le dijo: Hijo mío, no lo veas mal; tenemos otra expiación que es como ésta, ¿y cuál es? Realizar obras de bondad, como está di-

---

1. Talmud, tratado de Berajot 5b.

cho: «Porque deseo bondad, y no sacrificio» (Oseas 6:6) (Ahavat Jesed: Hakdama).

El contenido de la Torá

Dijo rabí Simlai: La Torá comienza con obras de bondad y finaliza con horas de bondad. Comienza con obras de bondad, como está escrito: «Y El Eterno Dios hizo a Adán y a su esposa túnicas de piel y los vistió» (Génesis 3:21). Y finaliza con obras de bondad, como está escrito: «Y lo sepultó en la llanura […]» (Deuteronomio 34:6). He aquí que los sabios nos revelaron la importancia del asunto de la bondad, que está indicado en la Torá en el comienzo y en el final. Pero en verdad no solamente en esos lugares, sino que hay muchas secciones de la Torá colmadas de esto, tal como explicaremos más adelante con la ayuda de El Eterno.

El significado de hacer bondad

Antes que nada, la persona debe saber que hacer obras de bondad no es algo que está remitido exclusivamente a prestar dinero, como piensan algunas personas, sino que es salgo que corresponde con todos los asuntos de bien, que la persona hace el bien y beneficia a su prójimo gratuitamente. Hay quienes hacen bondad con su prójimo con su dinero, por ejemplo, prestándole su animal, o un utensilio, o prestándole dinero, o cosas semejantes a través de las cuales hace bondad con su dinero a su prójimo. Y esto se denomina en las palabras de los sabios: «hacer obras de bondad con su dinero» (véase Talmud, tratado de Sota 49b).

Y hay personas que hacen el bien con su cuerpo, y también esto se divide en dos tipos de bondades: hay quien hace el bien a los vivos y hay quien hace el bien a los muertos. A los vivos, por ejemplo, trayendo invitados a su casa y esforzándose ante ellos para atenderlos. Y asimismo, el precepto de escoltar a los difuntos, acompañando; y así lo concerniente a la alegría del novio y la novia, visitar a los enfermos, consolar a los enlutados, y toda otra acción semejante a través de la cual se hace el bien con su cuerpo a su prójimo vivo. Y hay actos de bondad con su cuerpo que se hacen a los muertos, por ejemplo, sacar al difunto y ocuparse de todas las necesidades de su sepultura, llevar el ataúd, ir ante él y hacer panegírico, y cavar el lugar de su sepultura, y enterrarlo. A todo esto se denomina hacer obras de bondad, y todo esto entra dentro del precepto activo de: «Y amarás a tu prójimo como a ti mismo» (Levítico 19:18). Es decir, todas las cosas que quieres que otros te hagan a ti hazlas a tu prójimo.

La Torá colmada de bondades

Ahora hablaremos acerca de toda la Torá, que está colmada de asuntos de bondad, para que la persona reflexione y medite cuán valioso es este asunto de la bondad en los ojos del Eterno, Bendito Sea.

Considérese que está escrito: «El Eterno Dios, con el costado que había tomado del hombre, construyó –*vaiven*– una mujer y la llevó ante el hombre» (Génesis 2:22). Y los sabios enseñaron a partir de la expresión *vaiven*[2] que El Santo, Bendito Sea, trenzó el cabello de Eva (Talmud, tratado de Berajot 61a). Además, está escrito en el versículo: «Y la llevó ante el hombre», enseñándose que El Santo, Bendito Sea, hizo de casamentero para Adán (Ibíd.).

Asimismo, hallamos que está escrito: «Y Noé fue un hombre que comenzó a trabajar la tierra y plantó una viña. Y bebió del vino y se embriagó, y se descubrió en el interior de su tienda. Jam, padre de Canaán, vio la desnudez de su padre y lo dijo a sus dos hermanos que se hallaban fuera. Y tomó Shem, y Iefet, la vestimenta, y la pusieron sobre el hombro de ambos, y caminaron de espaldas y cubrieron la desnudez de su padre, con el rostro de ellos hacia atrás, y no vieron la desnudez de su padre» (Génesis 9:20-23). Ellos hicieron eso sin estar obligados, ya que no era uno de los siete preceptos universales que les habían sido ordenados cumplir. Al obrar así, hicieron un acto de bondad.

También se revela en la Torá lo relativo a esta cualidad en la guerra de los cuatro reyes, donde Abraham se abocó a hacer bondad con todas

---

2. Esta expresión significa también trenzar el cabello (Talmud, tratado de Berajot 61a, Rashi).

sus fuerzas. Y además, llevó con él para ese fin a los otros hombres: Aner, Eshkol y Mamre. Y todo para salvar a Lot de la aflicción, y a sus bienes. E hizo esto, aunque Lot era culpable de lo que le había sucedido, ya que moraba en Sodoma, una ciudad de gente corrupta y malvada, como está escrito: «Se apoderaron de todas las riquezas de Sodoma y Gomorra y de todo su alimento, y partieron. Y prendieron a Lot, sobrino de Abram, y a sus bienes, y se fueron, pues él residía en Sodoma» (Génesis 14:11-12). Y aun así, Abraham hizo bondad con él, y lo salvó, como está escrito: «Y vino un superviviente, y lo narró a Abram el hebreo, que habitaba en el encinar de Mamre el amorreo, hermano de Eshkol y hermano de Aner, los cuales eran aliados de Abram. Y cuando Abram escuchó que su hermano había sido tomado cautivo, preparó a sus criados, los nacidos en su casa, trescientos dieciocho, y los siguió hasta Dan. Y se dividieron él y sus siervos, y los atacaron de noche, y los persiguió hasta Jova, a la izquierda de Damasco. Y recuperó todos los bienes; y también recuperó a su hermano, Lot, con sus bienes, así como también a las mujeres y al pueblo (que estaba con ellos)» (Génesis 14:13-16).

Las visitas a los enfermos

Asimismo, hallamos que la sección de la Torá denominada «Y se le apareció –*Vaiera*–» está colmada de la cualidad de la bondad. Obsérvese que al comienzo se habla de las visitas a los enfermos, como está escrito: «El Eterno se le reveló en la planicie de Mamre estando él sentado en la entrada de la tienda, con el calor del día» (Génesis 18:1). ¿Por qué «El Eterno se le apareció»? Para visitar al enfermo (Rashi), ya que Abraham se había circuncidado siendo anciano, y se recuperaba, y El Eterno había venido para visitarlo.

La invitación de huéspedes

A continuación se menciona lo relativo a invitar huéspedes y la presteza de Abraham para hacer bondad en ese asunto, como está escrito: «Levantó sus ojos y observó, y he aquí que había tres hombres de pie frente a él; él los vio y corrió hacia ellos desde la entrada de la tienda, y se postró sobre el suelo. Y dijo: "Señores míos, si he hallado gracia en tus ojos, te ruego que no pases de tu siervo. Que se traiga ahora un poco de agua, y lavad vuestros pies; y recostaos debajo del árbol. Iré a buscar un bocado de pan y saciaréis vuestros corazones; después continuaréis, pues por eso habéis pasado por (el sitio donde reside) vuestro sirviente". Ellos dijeron: "Haz como dices, tal como has dicho". Y Abraham se apresuró a la tienda, a Sara, y dijo: ¡Pronto! ¡Tres medidas de harina, de sémola! ¡Amásalas y haz tortas! Y corrió Abraham al ganado vacuno, tomó un becerro, tierno y bueno, y se lo dio al joven, y éste se dio prisa a prepararlo. Y tomó mantequilla y leche y el becerro que había hecho, y puso delante de ellos; y él estuvo con ellos, debajo del árbol, y ellos comieron» (Génesis 18:2-8) (Ahavat Jesed: Petija).

Éstas son algunas de las citas mencionadas por el sabio Jafetz Jaim, para mostrar que la Torá está llena de obras de bondad, para que tomemos esas enseñanzas y las apliquemos, y recibamos los beneficios que surgen de esa gran cualidad. Y como hemos visto, una de las personas destacadas en este atributo de hacer bondad a los demás fue Abraham. Por eso, observaremos su historia, y su obra, para aprender de él asuntos relevantes que nos permitan hacer bondad con las demás personas, y obtener los beneficios por obrar bien.

IV

La historia de un hombre bondadoso

Abraham era un hombre bondadoso y misericordioso. Amaba ayudar a las demás personas en forma natural y desinteresada. La cualidad de la bondad de Abraham estaba tan enraizada en él que en el versículo se manifiesta: «Otorgas verdad a Jacob y bondad a Abraham» (Miqueas 7:20).

Debido a las enormes virtudes de este hombre, y a su obra, los sabios enseñaron que hay que ser de los discípulos de Abraham. Y para compenetrarnos con ese asunto, y poder aprender de él, veremos pasajes relevantes de su historia y su magnífica obra.

En los versículos que describen la vida de Abraham, hallamos un dato relevante, como está escrito: «Y vivió Teraj setenta años, y engendró a Abram,[1] Najor y Harán» (Génesis 11:26). Y más adelante está escrito: «Y El Eterno dijo a Abram: "Vete de tu tierra, de tu parentela y de la casa de tu padre a la tierra que te mostraré. Y haré de ti una gran nación; te bendeciré y engrandeceré tu nombre, y serás bendición» (Génesis 12:1-2).

Es la primera vez que hallamos en las Escrituras la revelación de Dios a Abraham, y se observa que Dios no se le presentó a través de una

---

1. Antes de llamarse Abraham, se llamaba Abram, hasta que Dios le dijo que se agregaba una letra a su nombre, como está escrito: «Tu nombre ya no será Abram, sino que Abraham será tu nombre, pues te he puesto por padre –ab– de una multitud de naciones» (Génesis 17:5).

visión, como ocurrió con Moisés, por ejemplo, al que habló desde la zarza[2] (Or Hajaim).

El descubrimiento de Dios

Se deduce que Abraham era capaz de reconocer a Dios, sabiendo que es espiritual, ya que oyó una voz solamente, y no vio nada. Y eso se debía a una exhaustiva investigación que había realizado, tal como consta en el Midrash: Cuando el patriarca Abraham nació, se levantó una estrella del este, y devoró cuatro estrellas de los cuatro flancos de los cielos. Los sabios de Nimrod le dijeron:

—En esta hora le ha nacido a Teraj un hijo, y de él en el futuro surgirá una nación que heredará este mundo y el Mundo Venidero. Si aceptas, sea dado a su padre el grandor de su casa en plata y oro, y matémoslo.

Inmediatamente Nimrod envió a por su padre. Le dijo:

—Ayer nació un hijo, ahora dámelo y matémoslo, y te daré el lleno de tu casa de plata y oro.

Teraj le dijo:

—Te pondré una parábola para enseñarte a qué se asemeja el asunto. Se asemeja a un caballo al que le dijeron: «Te cortaremos la cabeza y te daremos una casa llena de cebada». Y el caballo les respondió: «Tontos, si me cortan la cabeza, ¿quién comerá la cebada?». Y vosotros, si matáis a mi hijo, ¿quién heredará la plata y el oro?

El rey le respondió:

—De tus palabras entiendo que te ha nacido un hijo.

Teraj le dijo:

—Me ha nacido un hijo y murió.

Nimrod le dijo:

—Yo hablo acerca del vivo, y no acerca del muerto.

¿Qué hizo Teraj? Escondió a su hijo en una cueva durante tres años. El Santo, Bendito Sea, le dispuso dos aberturas, de una salía aceite y de

---

2. Como está escrito: «El Eterno vio que se había apartado para observar; y lo llamó Dios del interior de la zarza [...]» (Éxodo 3:4).

la segunda salía sémola. Cuando tenía tres años salió de la cueva y meditó en su corazón: ¿Quién creó los Cielos y la Tierra y a mí? Oró todo el día al Sol, y al atardecer el Sol se puso por el oeste e irradió la Luna por el este. Cuando vio a la Luna y a las estrellas alrededor de ella, dijo: «Éste es quién creó a los Cielos y la Tierra y a mí, y esas estrellas son sus ministros y sus siervos». Estuvo de pie orando toda la noche a la Luna. Por la mañana, la Luna se puso por el oeste y el Sol irradió por el este. Dijo: «Éstos no tienen poder, hay un amo sobre ellos. A Él oraré y a él me prosternaré» (Rabeino Bejaie en su explicación a Génesis 15:7).

La estancia en Canaán

Después se manifiesta en el Pentateuco: «Abram moró en la tierra de Canaán, en tanto que Lot habitó en las ciudades de la planicie; y fue disponiendo sus tiendas hasta Sodoma. Y los hombres de Sodoma eran malvados y pecadores contra El Eterno en gran manera» (Génesis 13:12-13).

Posteriormente se narra la ordenanza impartida por Dios a Abraham de circuncidarse y circuncidar a todos los de su casa, y después de que cumpliera con la ordenanza, se declara la gran bondad de Abraham, como está escrito: «El Eterno se le reveló en la planicie de Mamre estando él sentado en la entrada de la tienda, con el calor del día. Levantó sus ojos y observó, y he aquí que había tres hombres de pie frente a él; él los vio y corrió hacia ellos desde la entrada de la tienda, y se postró sobre el suelo. Y dijo: "Señores míos, si he hallado gracia en tus ojos, te ruego que no pases de tu siervo. Que se traiga ahora un poco de agua, y lavad vuestros pies; y recostaos debajo del árbol. Iré a buscar un bocado de pan y saciaréis vuestros corazones; después continuaréis, pues por eso habéis pasado por (el sitio donde reside) vuestro sirviente". Ellos dijeron: "Haz como dices, tal como has dicho"» (Génesis 18:1-5).

A continuación, se describe la diligencia de Abraham para atender a los huéspedes, como está escrito: «Y Abraham se apresuró a la tienda, a Sara, y dijo: ¡Pronto! ¡Tres medidas de harina, de sémola! ¡Amásalas y haz tortas! Y corrió Abraham al ganado vacuno, tomó un becerro, tierno y bueno, y se lo dio al joven, y éste se dio prisa a prepararlo. Y tomó mantequilla y leche y el becerro que había hecho, y puso delante de ellos; y él estuvo con ellos, debajo del árbol, y ellos comieron» (Génesis 18:6-9).

La despedida de los huéspedes

Después se cuenta que Abraham quería hacer algo más por sus invitados, acompañarlos para despedirlos. Además, se menciona una nueva revelación de Dios, como está escrito: «Y los hombres se levantaron de allí, y observaron hacia Sodoma; y Abraham iba con ellos para acompañarlos. Y dijo El Eterno: "¿Acaso encubro Yo a Abraham lo que he de hacer? Y ciertamente Abraham se convertirá en una nación grande y poderosa, y todas las naciones del mundo se bendecirán en él. Porque Yo sé que ordenará a sus hijos, y a su casa después de él, que guarden el camino de El Eterno, haciendo justicia y juicio, para que El Eterno haga venir sobre Abraham lo que le había hablado". Y dijo El Eterno: "El clamor contra Sodoma y Gomorra ha aumentado, y el pecado de ellos, pues, se ha agravado mucho. Descenderé ahora y veré si actúan según el clamor que ha venido a Mí, los destruiré, y si no, lo sabré". Y los hombres se apartaron de allí, y se dirigieron a Sodoma; y Abraham permanecía de pie ante El Eterno» (Génesis 18:16-22).

La maldad de los moradores de Sodoma

En el Talmud se describe la maldad de los sodomitas: ponían sus ojos sobre los hombres adinerados, y cuando encontraban uno, lo hacían sentar junto a una pared tambaleante, y la desplazaban sobre él, y venían y tomaban su dinero.

Asimismo, ponían sus ojos sobre los hombres adinerados, y depositaban en manos de ellos un fruto de *afarsemon* —es un fruto que emite un aroma muy intenso y se percibe a la distancia—. Y los adinerados lo guardaban en sus depósitos (para cuidarlo apropiadamente). Y por la noche venían, y lo olfateaban como un perro, y minaban allí, y tomaban ese dinero (que estaba guardado en el depósito).

Las leyes de Sodoma

Los sodomitas decían: Quien tiene un toro pastoree (los animales de toda la ciudad durante) un día; y quien no tiene toro pastoree (los animales de toda la ciudad durante) dos días.

Había entre ellos un huérfano hijo de una viuda y le dieron toros para pastorear. Él fue, los tomó y los degolló. Les dijo (a los dueños de los toros):

—Quien tiene un toro reciba un cuero y quien no tiene toros reciba dos cueros.

Le dijeron:

—¿Qué es eso?

Les dijo:

—El final de la ley es como el comienzo de la ley: así como (la ley de Sodoma es que) quien tiene un toro pastoree un día y quien no tiene toro pastoree dos días, también el final de la ley (es así): quien tiene un toro reciba un cuero y quien no tiene toros reciba dos cueros.

Otra ley perversa de los sodomitas era ésta: Quien cruzaba (el río por) el puente pagaba una moneda y quien no pasaba por el puente (sino a pie o nadando) pagaba dos monedas.

Cuando uno de los habitantes fabricaba ladrillos, venían y se llevaban uno cada uno. Y (cuando el dueño de los ladrillos reclamaba) cada uno le decía: ¡Yo sólo tomé uno! (¿Acaso me demandarás por un ladrillo?).

Cuando uno tenía ajo o cebolla (extendidos para procesarlos y guardarlos), venían y se llevaban uno cada uno. Y cada uno le decía (al dueño): ¡Yo sólo tomé uno!

Así despojaban completamente a las personas, y no les podían reclamar, pues si bien lo que les quitaban era mucho, el valor de lo que le robó cada individuo no era imputable, ya que no alcanzaba el valor mínimo denominado *perutá* (véase Iad Rama).

Los magistrados corruptos

También los propios jueces de ese lugar eran corruptos y malvados. En Sodoma había cuatro jueces: Shakrai, Shakrurai, Zaife y Matzle Dina.

Cuando un hombre había golpeado a la mujer de su prójimo y le había hecho perder el embarazo, (los jueces) decían (al esposo de la mujer):

—Entrega a tu mujer al golpeador (y que se acueste con ella) hasta que quede preñada de él para ti (y te la reintegre tal como estaba).

Cuando un hombre le cortaba la oreja al burro de su prójimo, (los jueces) decían (al dueño del burro):

—Entrégale el burro hasta que le crezca una oreja nueva.

Cuando un hombre hería a su prójimo, (los jueces) decían (al que había sido herido):

—Págale por haberte extraído sangre.

Cuando un hombre (que venía de otro lugar) cruzaba el río por el puente, debía abonar cuatro monedas, y quien lo hacía a nado debía pagar ocho monedas.

En una ocasión, visitó el lugar un lavandero que no era oriundo de allí, (y cruzó nadando). Entonces le dijeron:

—Paga cuatro monedas.

El lavandero les comunicó:

—Pero yo crucé por el agua.

Le dijeron:

—En ese caso paga ocho monedas, pues has pasado por el agua.

El hombre se negó a pagar y los guardias lo golpearon hasta que le salió sangre. Fue ante el juez y éste le dijo:

—Págale por haberte extraído sangre, y otras ocho monedas por haber pasado por el agua.

La visita de Eliezer

Aconteció que Eliezer, el siervo del patriarca Abraham, fue allí, y (los sodomitas) lo golpearon. Fue ante el juez y éste le dijo:

—Págale por haberte extraído sangre, y otras ocho monedas por haber pasado por el agua.

Entonces, Eliezer tomó una piedra y lastimó al juez.

El juez le dijo:

—¿Qué es eso?

Eliezer le respondió:

—Lo que me tienes que pagar a mí por haberte extraído sangre, entrégaselo a quién me extrajo sangre a mí, y mi dinero que quede como está.

El ardid contra los pobres

Cuando un pobre venía a Sodoma, cada uno le entregaba una moneda (denominada) *dinar,* y su nombre estaba escrito en la moneda. Pero no le daban pan (para que muriera de hambre). Cuando moría, cada uno venía y tomaba la suya (la moneda que le había dado, en la cual estaba escrito su nombre).

El convenio de las fiestas

Los sodomitas habían convenido que a todo el que trajera un invitado a una celebración le fuese tomada su ropa.

Una vez había allí una celebración, y Eliezer, siervo de Abraham, llegó a ese lugar y no le dieron pan. Cuando se disponían a comenzar a comer, Eliezer fue y se sentó al final de los invitados. Le dijeron:

—¿Quién te ha invitado aquí?

Y le respondió a ese que estaba junto a él:

—Tú me has invitado.

El hombre dijo:

—Quizá los presentes oyeran que yo lo he invitado y tomen la ropa de mí.

Y ya que el que estaba sentado junto a él temía (que lo despojaran de su vestimenta), tomó su ropa y huyó fuera.

Y así hizo Eliezer con todos (pues todos actuaban de la misma manera), hasta que todos salieron, y él comió la comida.

La joven piadosa

Había allí una joven que sacaba pan a un pobre en una vasija (cuando salía a extraer agua, para que no la descubrieran los habitantes del lugar). Pero el asunto fue descubierto. Entonces los sodomitas la untaron con miel y la pusieron en la cima de la muralla. Vinieron las abejas y la devoraron (Talmud, tratado de Sanhedrin 109a y b).

La bondad de Abraham

Aunque los moradores de Sodoma eran tan malos, Abraham intentó interceder ante Dios por ellos, como está escrito: «Abraham se aproximó y dijo:

—¿Acaso has de destruir también al justo con el malvado? Tal vez hay cincuenta justos en la ciudad, ¿acaso destruirás también y no perdonarás al lugar por los cincuenta justos que estén en su interior? Apartado sea de Ti obrar así, matar al justo junto con el malvado, siendo entonces el justo como el malvado, ¡Apartado sea de Ti! ¿Acaso el Juez de toda la tierra no hará justicia?

El Eterno dijo:

—Si hallare en Sodoma cincuenta justos dentro de la ciudad, perdonaré a todo este lugar por ellos.

Abraham respondió y dijo:

—He aquí ahora que he comenzado a hablar a Mi Señor, aunque soy polvo y ceniza. Tal vez faltaran de cincuenta justos cinco; ¿acaso destruirás toda la ciudad por esos cinco?

Y (Dios) dijo:

—No destruiré si hallare allí cuarenta y cinco.

Y Abraham volvió a hablar a Él, y dijo:

—¿Tal vez se encuentren cuarenta?

Y (Dios) dijo:

—No lo haré por los cuarenta.

Y dijo:

—No se enoje ahora, Mi Señor, si hablare: tal vez se hallaran allí treinta.

Y (Dios) dijo:

—No lo haré si encuentro treinta.

Y (Abraham) dijo:

—He aquí ahora que he comenzado a hablar a Mi Señor: quizá se hallaran allí veinte.

Y (Dios) dijo:

—No destruiré por los veinte.

Y (Abraham) dijo:

—No se enoje ahora, mi Señor, si hablare solamente una vez más, quizá se hallaran allí diez.

Y (Dios) dijo:

—No destruiré por los diez.

Y cuando terminó de hablar con Abraham, El Eterno se fue, y Abraham volvió a su lugar» (Génesis 18:24-33).

El enunciado de Maimónides

Se aprecia que Abraham era una persona bondadosa, fiel a Dios, y que cumplía con los preceptos en forma óptima. Y no sólo los siete preceptos pasivos, sino también activos, como escudriñar y buscar a Dios y hacer bondad con el prójimo.

Y no se ocupaba de hacerlo sólo él, sino que enseñaba a las demás personas a seguir el camino de la verdad, como manifestó Maimónides: En los días de Enosh, las personas cometieron un grave error, se entorpeció el consejo de los sabios de esa generación, y el propio Enosh era de los que cometían ese error. Y éste era el error de ellos: decían: ya que Dios creó a estas estrellas y cuerpos celestes para conducir el mundo, y los dispuso en las alturas celestiales, y les dio honor, y ellos son sirvientes que sirven ante Él, es apropiado alabarlos y ensalzarlos y darles honor. Y ésa es la voluntad de Dios, bendito sea, engrandecer y honrar a quien engrandeció y honró, tal como un rey desea honrar a los que están ante él, y ése es el honor del rey.

Ya que esa idea ascendió a los corazones de ellos, comenzaron a edificar palacios a las estrellas y a ofrecerles sacrificios, y a alabarlas y ensalzarlas con palabras, y a prosternarse ante ellas para hallar la voluntad del Creador, según la mala aprehensión de ellos. Y ése era el principio fundamental del culto a las estrellas –*avodat kojavim*–. Y así decían los adoradores que conocían su fundamento, y no que ellos decían que no hay Dios sino esa estrella. A esto se refiere lo que dijo Jeremías: «¿Quién no te temerá, Rey de las naciones? Porque a ti es debido el temor; porque entre todos los sabios de las naciones y en todos sus reinos, no hay semejante a Ti. Y en una cosa se entorpecerán y entontecerán; es adoctrinamiento vano, (un objeto) de madera» (Jeremías 10:7-8). Es decir, todos saben que Tú solo eres Dios, pero su error y su tontería es que les parece que esa vanidad es tu voluntad.

Los falsos profetas

Después, cuando se prolongaron los días, se levantaron entre las personas falsos profetas y dijeron que Dios les ordenó y dijo adoraran a tal estrella, o a todas las estrellas, y ofrecedle sacrificio y libaciones así y así, y edificadle templo, y haced su imagen para que se prosternen a ella todos los del pueblo, mujeres, niños y todos los demás. Y les informaba de la imagen que él mismo imaginó, y decía: «Ésta es la imagen de la estrella zutana», que le hicieron saber a través de profecía.

Así pues, comenzaron a hacer imágenes en templos, y debajo de los árboles, y en las cimas de los montes, y sobre las colinas. Y se reunían y prosternaban ante ellas, y decían a todo el pueblo que esa imagen hace bien y mal, y es propicio adorarla y temer de ella. Y los sacerdotes les decían que con esa adoración se multiplicarán y prosperarán. Y haced así y así, y no hagáis así y así.

El culto errado

Asimismo, otros engañadores se levantaron y comenzaron a decir que la estrella misma o el cuerpo celeste, o el ángel, habló con ellos y les dijo: «Adoradme con esto y con esto». Y les informaba el modo de su adoración, y les decía: «Haced esto y no hagáis esto».

Y el asunto se expandió por todo el mundo, de adorar a las imágenes mediante diversos modos de adoración, unos diferentes a los otros, y a ofrecerles sacrificios y a prosternarse ante ellas.

La gran investigación

Cuando este valiente creció, comenzó a reflexionar en su mente, y siendo pequeño pensaba día y noche. Y se sorprendía cómo es posible que el mundo se condujera siempre por su curso y no tuviera un conductor ni quién lo hiciera girar, pues es imposible que se haga girar a sí mismo. Y no tenía un maestro ni quién le hiciera saber el asunto, sino que estaba sumergido en Ur Kasdim, entre los idólatras embobecidos. Y su padre y su madre, y todo el pueblo adoraban a las estrellas y él adoraba con ellos.

Sin embargo, Abraham meditaba en su corazón y percibía, hasta que aprehendió el camino de la verdad, y comprendió la línea de la rectitud con su entendimiento correcto. Y supo que hay un único Dios y Él conduce el mundo, y Él creó todo, y no hay en todo lo existente ningún dios fuera de Él. Y supo que todos los moradores del mundo estaban equivocados, y lo que les provocó errar fue adorar a las estrellas y a las imágenes hasta que se perdió la verdad del conocimiento de ellos. Y a la edad de cuarenta años, reconoció a su Creador (en forma completa).

El inicio del predicador

Una vez que reconoció, y supo, comenzó a dar respuestas a los moradores de Ur Kasdim, y a establecer juicio con ellos, diciendo: «Ese camino que seguís no es el camino de la verdad». Y quebró las imágenes y comenzó a hacer saber al pueblo que no es apropiado adorar sino al Dios del universo, y a Él es propicio prosternarse y ofrecer ofrenda y libaciones para que lo conozcan todos los seres humanos que vendrán. Y es apropiado destruir y quebrar todas las imágenes para que no yerren con ellas todos los del pueblo, como esos que creen que no hay más que esos dioses.

La difusión de Dios

Debido a que se fortificó sobre ellos con sus pruebas, el rey quiso matarlo, y le fue hecho un milagro, y fue a Jarán. Y comenzó a ponerse de pie y proclamar a viva voz a todo el mundo, y a informarles de que hay un único Dios de todo el mundo, y a Él es propicio adorar. E iba y proclamaba y reunía al pueblo, de ciudad en ciudad y de imperio en imperio, hasta que llegó a la tierra de Canaán, y proclamaba, como está dicho: «Y proclamó allí en el Nombre de El Eterno, Dios del mundo» (Génesis 21:33).

Y debido a que las personas del pueblo se reunían con él y le preguntaban por sus asuntos, él informaba a cada uno y uno según su capacidad de aprehensión, hasta que lo hacía volver al camino de la verdad. Y (la popularidad de Abraham aumentó mucho) hasta que se reunieron con él millares y decenas de miles, y ellos son los de la Casa de Abraham. E implantó en sus corazones este fundamento esencial, y compiló libros con él, y lo hizo saber a su hijo Isaac. E Isaac se sentaba, enseñaba y advertía. E Isaac lo hizo saber a Jacob, y lo designó para que enseñara, y se sentaba a enseñar y fortificaba a todos los que se unían a él (Maimónides: Leyes de Idolatría 1:1-3).

La revelación del Midrash

En el Midrash se enseña lo mencionado por Maimónides en forma ampliada: Teraj vendía imágenes de idolatría. Cierta vez fue a otro sitio y dejó a Abraham en su lugar para que se ocupara de las ventas. Cuando una persona venía a comprar, Abraham le decía:

—¿Cuántos años tienes?

Y la persona le respondía:

—Tengo cincuenta años. O sesenta años.

Entonces Abraham le decía:

—¡Ay de ese hombre que tiene sesenta años y quiere prosternarse ante una imagen que tiene un solo día!

Entonces el hombre se avergonzaba y se iba (Midrash Bereshit Raba 38:13).

El ejercicio de la bondad

Además, Abraham hacía mucha bondad con las demás personas, como está escrito: «Y plantó un *eshel* en Beer Sheva y proclamó allí en el Nombre de El Eterno, Dios del mundo» (Génesis 21:33).

Eshel era un huerto que Abraham plantó para traer frutas a los invitados. Asimismo, fue enseñado que *eshel* era el denominativo de una tienda que dispuso Abraham para recibir invitados. Y traía allí comida y bebida, y después acompañaba a los invitados (cuando se retiraban).

Y está escrito que «proclamó allí en el Nombre de El Eterno, Dios del mundo», porque a través de ese *eshel,* el Nombre de El Santo, Bendito Sea, era invocado por todo el mundo. Pues después de que comieran y bebieran, se levantaban para bendecir a Abraham, y éste les decía:

—¿Acaso habéis comido de lo mío? De lo del Dios del mundo habéis comido.

Entonces alababan, y ensalzaban y bendecían a Quién pronunció[3] y el mundo existió (Talmud, tratado de Sota 10b).

La bendición por la comida

En el Midrash Tanjuma se enseñan detalles trascendentales acerca de cómo procedía: sembraba caridad y daba de comer a los que iban y venían, como está escrito: «Y plantó un *eshel* en Beer Sheva y proclamó allí en el Nombre de El Eterno, Dios del mundo» (Génesis 21:33). Después de darles de comer y de beber, lo bendecían. Y él les decía:

—¿A mí me bendecís? Bendecid al dueño de casa que da a todas las criaturas comida y bebida y les da espíritu.

Y le preguntaban:

—¿Dónde está?

Y él les decía:

---

3. El mundo fue creado por Dios a través de diez pronunciaciones, como está escrito: «Y dijo Dios […]».

—Ejerce dominio en el Cielo y en la Tierra, hace morir y hace vivir, oprime y sana, forma el embrión en el vientre de su madre y lo hace salir a la luz del mundo, hace crecer las hierbas y los árboles, hace descender al Seol y hace ascender.

Ya que escuchaban eso, preguntaban:

—¿Cómo hemos de bendecirlo?

Y le consideraban bondad. Y les decía:

—Decid: «Bendito El Eterno, que es bendecido por la eternidad. Bendito el que otorga pan y alimento a toda (criatura de) carne». Y les enseñaba bendiciones y a hacer bondad (Midrash Tanjuma Lej Lejá XII).

Una actitud sorprendente

Se observa que Abraham era un hombre absolutamente bondadoso, que amaba hacer el bien y ayudar y atender al prójimo. Sin embargo, encontramos un pasaje en el cual se muestra una actitud que parecería ser de crueldad por parte de Abraham, ya que estuvo dispuesto a sacrificar a su hijo. Y si bien todo venía del Creador, de todos modos, podía haber orado por él, como lo hizo con los hombres de Sodoma y Gomorra para que no fueran eliminados.

Sin embargo, actúo de modo diferente, como está escrito: «Y plantó un huerto -eshel- en Beer Sheva y proclamó allí en el Nombre de El Eterno, Dios del mundo. Y moró Abraham en la tierra de los filisteos durante muchos días. Y aconteció después de estos hechos que Dios probó a Abraham, y le dijo:

—¡Abraham!

Y él respondió:

—¡Heme aquí!

Y dijo:

—Toma por favor a tu hijo, a tu único, a quien amas, a Isaac, y ve a la tierra de Moriá, y elévalo allí por ofrenda sobre una de las montañas que te diré.

Y Abraham se levantó al amanecer y ensilló su asno, y tomó consigo a sus dos mozos y a su hijo Isaac; y partió leña para la ofrenda y se levantó y fue hacia el lugar que Dios le había dicho. Al tercer día, Abraham alzó sus ojos y vio el lugar de lejos. Y Abraham dijo a sus mozos:

—Vosotros permaneced aquí con el asno, y yo y el joven iremos hasta ahí; y nos prosternaremos y volveremos a vosotros.

Y Abraham tomó la leña para la ofrenda y la puso sobre su hijo Isaac; y tomó en su mano el fuego y el cuchillo, y los dos marcharon juntos. E Isaac llamó a su padre Abraham y dijo:

—¡Padre!

Y le dijo:

—¡Heme aquí, hijo mío!

Y dijo:

—Aquí están el fuego y la leña, ¿y dónde está el cordero para la ofrenda?

Y Abraham dijo:

—Dios se revelará para Él cordero para la ofrenda, hijo mío.

Y ambos marcharon juntos. Y llegaron al lugar que Dios le había dicho; y Abraham construyó allí el altar y ordenó la leña; y ató a su hijo Isaac, y lo puso sobre el altar, encima de la leña. Y Abraham extendió su mano y tomó el cuchillo para degollar a su hijo. Y un ángel de El Eterno lo llamó desde los Cielos, y dijo:

—¡Abraham! ¡Abraham!

Y le dijo:

—¡Heme aquí!

Y dijo:

—No extiendas tu mano contra el joven ni le hagas ninguna cosa, pues ahora sé que eres temeroso de Dios, y no has retenido de Mí a tu hijo, a tu único.

Y Abraham levantó sus ojos y miró, y he aquí detrás un carnero que se trabó con sus cuernos en las ramas; y Abraham fue y tomó el carnero y lo elevó como ofrenda en lugar de su hijo. Y Abraham llamó a aquel lugar "El Eterno se Revela", tal como se dice en este día: "En este monte El Eterno se Revela". El ángel de El Eterno llamó a Abraham por segunda vez desde los Cielos. Y dijo:

—Por Mí he jurado, palabra de El Eterno, que ya que has hecho esto y no retuviste a tu hijo, a tu único, te bendeciré y aumentaré tu descendencia como las estrellas de los Cielos y como la arena que se encuentra en la orilla del mar; y tu descendencia heredará el portal de sus enemigos. Y se bendecirán en tu descendencia todas las naciones de la Tierra, porque escuchaste Mi voz.

Y Abraham volvió con sus mozos, y se levantaron, y marcharon juntos a Beer Sheva, y Abraham habitó en Beer Sheva» (Génesis 21:33-34 22:1-19).

El secreto de la acción

Parecería ser una actitud cruel, tal como hemos mencionado anteriormente, sin embargo, no fue así. Todo lo contrario, fue una actitud de misericordia con su hijo. Porque Abraham sabía que su hijo Isaac no podía engendrar debido a un problema con su alma, ya que según el alma que se tiene, se puede engendrar o no; y su hijo tenía un alma proveniente del flanco femenino, que no le permitiría engendrar. Por eso, él sabía que la única forma de salvar a su hijo de la esterilidad y que pudiera formar una familia en el futuro era haciendo que el alma que tenía se retirara de su cuerpo, y entrara otra alma proveniente del flanco masculino para que pudiera engendrar. Y así lo hizo, e Isaac engendró.

El indicio de la fertilidad

Eso está indicado en el versículo que narra las crónicas de Isaac, como está escrito: «Y éstas son las crónicas de Isaac, hijo de Abraham; Abraham hizo nacer a Isaac. E Isaac era de cuarenta años cuando tomó para él por mujer a Rebeca, hija de Betuel, el arameo, de Padán Aram, hermana de Labán el arameo. E Isaac imploró ante El Eterno frente a su mujer, pues ella era estéril; y El Eterno aceptó su plegaria y su mujer Rebeca concibió» (Génesis 25:19).

Se menciona que Rebeca era estéril, y no dice nada acerca de Isaac, debido a lo que ocurrió con su padre, que lo salvó de la esterilidad, tal como hemos mencionado. Y eso está indicado, tal como dijimos, en el versículo, porque está escrito: «Y éstas son las crónicas de Isaac, hijo de

Abraham; Abraham hizo nacer a Isaac». Si dice: «Y éstas son las cróni-cas de Isaac, hijo de Abraham», es obvio que Abraham engendró a Isaac». ¿Y para que se repite: «Abraham hizo nacer a Isaac»? Para decir que Abraham hizo nacer a Isaac, o sea, le dio la posibilidad de procrear (Or Hajaim).

Ejemplo para la humanidad

Ciertamente Abraham fue un hombre ejemplar, por eso los sabios lo han puesto como ejemplo en numerosos lugares. En el tratado de Avot se enseña: «Yosef, hijo de Yojanán, hombre de Jerusalén, decía: "Esté tu casa abierta ampliamente"».[4] Y rabí Ovadia de Bartenura explicó: "Como la casa de nuestro patriarca Abraham, que estaba abierta a los cuatro puntos cardinales para que los invitados no necesitaran dar vuel-tas para hallar la entrada".

Otra cita del mismo libro declara: «Shamai decía: "Haz a tu (estu-dio de la) Torá fijo; habla poco y haz mucho; y recibe a toda persona con una agradable expresión del rostro"».[5] Y rabí Ovadia de Bartenura explicó: «Habla poco y haz mucho», tal como hallamos en el patriarca Abraham, que primero dijo: «Iré a buscar un bocado de pan y saciaréis vuestros corazones» (Génesis 18:5). Y finalmente: «Y corrió Abraham al ganado vacuno, tomó un becerro, tierno y bueno, y se lo dio al joven, y éste se dio prisa a prepararlo» (Génesis 18:7).

Asimismo, fue enseñado: «Todo el que posee estas tres característi-cas es de los discípulos de nuestro patriarca Abraham; y (si posee) otras tres características, es de los discípulos de Bilam, el malvado. Quien posee buen ojo, espíritu modesto y alma humilde es de los discípulos de nuestro patriarca Abraham; (quien posee) mal ojo, espíritu altivo y alma posesiva es de los discípulos de Bilam, el malvado. ¿Qué (diferen-cia) hay entre los discípulos de nuestro patriarca Abraham y los discí-pulos de Bilam, el malvado? Los discípulos de nuestro patriarca Abra-ham comen en este mundo y heredan el Mundo Venidero, como está

---

4. Mishná, tratado de Avot 1:5.
5. Mishná, tratado de Avot 1:15.

dicho: "Poseo para hacer heredar a los que me aman, y sus depósitos llenaré" (Proverbios 8:21). Pero los discípulos de Bilam, el malvado, heredarán el Infierno y descenderán al pozo del abismo, como está dicho: "Y Tú, Dios, los harás descender al pozo del abismo; los hombres sanguinarios y engañadores no llegarán a la mitad de sus días, y yo confiaré en Ti"» (Salmos 55:24) (Mishná, tratado de Avot 5:19).

V

La estimación del prójimo

Hemos visto, tanto en los pasajes bíblicos como en las palabras de los sabios, que Abraham fue calificado como un hombre sumamente bondadoso, del cual hay que tomar el ejemplo. Ahora veremos otro ejemplo que consta en la enseñanza talmúdica, de un hombre muy especial que amaba hacer el bien, y nos posibilitará complementar lo que hemos visto. Así, pues, podremos aprender muchas cosas más acerca de las obras de bondad y la estimación del prójimo, para ponerlas en práctica y merecer todos los beneficios que surgen de la observancia de este precepto tan importante.

La lluvia en medio del camino

Rabí Janina ben Dosa marchaba por el camino plácidamente. En medio de la marcha, le aconteció un suceso que alteró su paz: comenzó a llover intensamente. En ese instante se puso de pie y oró a El Eterno, le dijo:

—Amo del universo: todo el mundo se encuentra sosegado, ya que son poseedores de campo y el agua irriga sus sembrados, ¿y Janina se encuentra afligido en medio del camino?

Inmediatamente la lluvia se interrumpió. Cuando llegó a su casa, se puso de pie y comenzó a orar. Le dijo a El Eterno:

—Amo del universo: todo el mundo se encuentra afligido, ¿y Janina, que no necesita las lluvias porque no posee campo, se halla sosegado en su casa?

E inmediatamente comenzó a llover nuevamente.

Rav Iosef señaló: Siendo así, considerando lo que sucedía con las solicitudes de rabí Janina ben Dosa, ¿qué utilidad tenía la plegaria del sumo sacerdote –el hombre más santo–, en el Templo Sagrado –el lugar más santo–, en el Día del Perdón –el día más santo–? ¡Es algo que sorprende!

Se menciona a continuación en el Talmud un estudio que tiene que ver con este asunto y permite comprenderlo más profundamente: Ravín bar Ada y Raba bar Ada habían aprendido de rav Yehuda cuál era el argumento de la plegaria pronunciada por el sumo sacerdote en el Día del Perdón. Esto era lo que decía: «Sea Tu voluntad, El Eterno, nuestro Dios, que este año, aunque sea caluroso, sea lluvioso. Y que no entren ante Ti las plegarias de los caminantes».

Se aprecia que, pese a la petición del hombre más santo, en el lugar más santo, en el día más santo, la plegaria de rabí Janina ben Dosa entraba igual.

El alejamiento de lo material atrae lo material

¿Cuál era la causa de esta tan extraña circunstancia? En el Talmud se explica: rav Yehuda había aprendido de Rav que cada día un heraldo surgía del Cielo y pregonaba: «Todo el mundo se sustenta por el mérito de mi hijo Janina, y a mi hijo Janina le es suficiente, para sustentarse, con una medida *kav* de algarrobo desde un Día de Reposo –Shabat– hasta el otro Día de Reposo de la semana siguiente».

Además, rabí Janina tenía una mujer ejemplar. Su esposa acostumbraba a encender el horno en la víspera del Día de Reposo, aunque no poseía pan para hornear. Y arrojaba al interior un producto herbáceo que producía humo, con el fin de que los vecinos pensaran que horneaba pan para el Día de Reposo. Ella hacía esto por vergüenza, ya que todos horneaban pan para celebrar el Día de Reposo, y ella no poseía.

Una vecina mala y cruel

En el mismo barrio vivía una mala vecina que sabía cuál era la verdadera realidad. Esta mujer pensó: «Yo sé que ella no posee nada para hornear, ¿qué significa todo este humo que asciende de su horno?».

Se dirigió a la casa de la mujer y golpeó a la puerta. La esposa de rabí Janina ben Dosa se avergonzó, pues se conocería públicamente su situación. Por eso, entró a una habitación interior para ocultarse. Entonces le ocurrió un milagro y el horno se llenó de pan, y además el recipiente de amasar se llenó de masa. Por eso, cuando la vecina entró y vio lo que estaba ocurriendo, dijo:

—¡Mujer, mujer: trae la pala para retirar el pan que se te está por quemar!

La esposa de rabí Janina ben Dosa le respondió:

—¡Sí! También yo he entrado para eso.

Y, efectivamente, ella también había entrado para traer la pala, porque estaba habituada a que le ocurrieran milagros.

Un pobre también puede ser rico

Una vez, la esposa le dijo a su esposo, rabí Janina ben Dosa:

—¿Hasta cuándo sufriremos de este modo?

Rabí Janina ben Dosa le dijo:

—¿Qué podemos hacer?

La mujer le sugirió:

—¡Ora, pide que de los Cielos se apiaden de nosotros!

Rabí Janina ben Dosa oró y salió como una especie de mano de los Cielos, y le fue entregada una pata de una mesa de oro.

Después de este suceso, rabí Janina ben Dosa le dijo a su mujer:

—Soñé que en el futuro los justos comerán en mesas de oro de tres patas, y tú comerás en una mesa de dos patas.

Y le preguntó:

—¿Estás conforme con que todos coman en mesas completas, y nosotros lo hagamos en una mesa carente?

Su mujer le respondió:

—¿Qué podemos hacer? Ora, pide que de los Cielos se apiaden de nosotros y se lleven la pata.

Rabí Janina ben Dosa oró, pidió piedad, y se la llevaron. Y el último milagro fue mucho mayor que el primero, pues de los Cielos otorgan, pero no reciben nuevamente lo que ha sido otorgado.

El poder de la voluntad

En una ocasión, cuando caía la tarde del viernes y comenzaba el Día de Reposo, rabí Janina ben Dosa observó que su hija estaba triste. Le dijo:

—Hija mía, ¿por qué estás triste?

Ella le contó:

—Ocurrió que me confundí de recipiente, y en vez de encender las velas del Día de Reposo con aceite, las encendí con vinagre. Por eso ahora temo que se apaguen.

Rabí Janina ben Dosa le dijo:

—Hija mía, ¿por qué te afliges? El que dijo al aceite que encienda, dirá al vinagre y encenderá.

Esas velas permanecieron encendidas todo ese día hasta que culminó el Día de Reposo, y trajeron de allí fuego para realizar la ceremonia denominada Avdalá, que se realiza para separar el sagrado Día de Reposo de los demás días de la semana (Talmud, tratado de Taanit 25a).

El arte de dar y recibir

En el Talmud se narra que rabí Janina ben Dosa poseía cabras. Los vecinos una vez le dijeron:

—Tus cabras arruinan nuestros campos.

Rabí Janina ben Dosa sabía que eso no era verdad, por eso les respondió:

—Si mis cabras arruinan vuestros campos, que sean comidas por los osos. Y si no es así, que cada una traiga al atardecer un oso sobre sus cuernos.

Y efectivamente, con la caída de la tarde, cada cabra trajo un oso en sus cuernos.

Tras este suceso, se narra en el Talmud otro que aparentemente no sigue la misma secuencia, aunque en verdad se trata de una correlatividad que encierra un misterio intrínseco. Se cuenta: En el barrio de rabí Janina ben Dosa vivía una mujer que era vecina suya. Ella estaba edificando una casa y las vigas que había adquirido no llegaban de pared a pared. La mujer se dirigió a su vecino y le planteó:

—He edificado una casa y las vigas no llegan de pared a pared.

Rabí Janina ben Dosa le preguntó:

—¿Cuál es tu nombre?

Ella le respondió:

—Aiku

Rabí Janina ben Dosa dijo:

—Aiku, ¡prolónguense sus vigas!

Las vigas se extendieron milagrosamente y sobrepasaban las paredes un codo de cada lado.

El sabio Plimo –que vivió muchos años después de este suceso– contó:

—Yo he visto esa casa, y las vigas sobresalían un codo por un lado y un codo por el otro lado. Y me dijeron: «Ésta es la casa que techó rabí Janina ben Dosa con su plegaria».

Seguidamente se retoma el asunto de las cabras y se lo analiza exhaustivamente. Los sabios talmudistas preguntaron: Rabí Janina ben Dosa, ¿de dónde tenía chivos? Y además, ha de considerarse que los sabios ya habían establecido que no se puede criar ganado menor en la Tierra de Israel. Esto es así porque dañan los campos vecinos, pues esos animales son muy difíciles de controlar.

Rav Pinjas dijo: Una vez ocurrió que un hombre pasó por la puerta de la casa de rabí Janina ben Dosa. Este hombre dejó allí olvidadas dos gallinas que fueron halladas por la esposa de rabí Janina ben Dosa. Cuando rabí Janina ben Dosa se enteró, le dijo a su mujer:

—No comas los huevos que produzcan, pues pertenecen a los dueños de las gallinas.

Los días transcurrieron y los huevos se multiplicaban, y también nacían numerosos pollitos que crecían y se convertían en gallinas. Estas aves afligían a la pareja, pues vivían en una casa pequeña y no había lugar para todos. Por eso rabí Janina ben Dosa vendió las gallinas y adquirió cabras con ese dinero.

Un día, el hombre al que se le habían extraviado las gallinas pasó por el lugar y le dijo a su compañero:

—Aquí dejé mis gallinas.

Rabí Janina ben Dosa escuchó y salió a su encuentro. Le dijo:

—¿Posees alguna señal de tus gallinas que has perdido, para reconocerlas?

El hombre le dio una señal precisa. Entonces rabí Janina ben Dosa le explicó lo que había sucedido y le entregó las cabras. Eran las mismas cabras que habían traído a los osos en sus cuernos (Talmud, tratado de Taanit 25a).

Un hombre piadoso y capaz

Se observa que era un hombre sumamente piadoso y bondadoso, y no sólo eso, sino que tenía conocimientos empresariales y sabía muy bien cómo llevar adelante un emprendimiento, tal como se ve del suceso de las gallinas, que las cuidó, y pusieron huevos, y se reprodujeron, y después, cuando le era difícil mantener los pollos, los vendió y compró cabras. Se observa que era una persona que sabía comerciar. Pero para él mismo no hacía inversiones ni comerciaba, sino que le era suficiente con una medida de algarrobo de Día de Reposo en Día de Reposo. Siendo así, dado que se trataba de un hombre sumamente piadoso y bondadoso, que pensaba siempre en el bien de los demás, ¿cómo se explica lo que pidió a El Eterno acerca de la lluvia? Tal como dijo: «Amo del universo: todo el mundo se encuentra sosegado, ya que son poseedores de campo y el agua irriga sus sembrados, ¿y Janina se encuentra afligido en medio del camino?».

La respuesta es que en una persona que es extremadamente bondadosa, lo que se ve en relación con actos de rigor, o incluso crueldad, tal como hemos visto en el caso del patriarca Abraham, es en forma aparente, pero todo fue por el beneficio de otras personas. Y lo mismo ocurrió con el caso de rabí Janina ben Dosa, pues llevaba dos cajas de sal y las quería devolver (Ein Yakov).

De lo mencionado se desprende que no estaba preocupado por su situación particular, por el agua que caía sobre él, sino por otras personas. Porque llevaba algo que había encontrado y quería devolvérselo a su propietario íntegro, sin que la sal se estropeara.

Por lo tanto, he aquí otro ejemplo que seguir para poner por obra las acciones de bondad con el prójimo y merecer todos los beneficios que surgen de esas acciones.

El amor por el prójimo

El hacer el bien y amar al prójimo es una base esencial de la Torá. Por eso, tal como hemos dicho anteriormente, la Torá está colmada de actos de bondad, para enseñar que esa cualidad es esencial para la existencia del mundo.

Considérese que en la sección denominada «Santos –*Kedoshim*», que comprende los capítulos XIX y XX del libro de Levítico, se enumeran numerosos preceptos que instan a vincularnos con nuestro prójimo, demostrándole nuestro afecto, estima y amor. Y se concluye con la declaración: «Amarás a tu prójimo como a ti mismo» (Levítico 19:18), que es un fundamento esencial, tal como dijo rabí Akiva: «Amarás a tu prójimo como a ti mismo», es ésta una gran regla de la Torá (Talmud de Jerusalén, tratado de Nedarín 30b).

La culminación de los Diez Mandamientos

Lo mismo ocurre con los Diez Mandamientos, que culminan con la expresión: «tu prójimo», como está escrito:

Yo soy El Eterno tu Dios, que te saqué de la tierra de Egipto, de casa de esclavitud.

No tendrás otros dioses ante Mi Presencia. No harás para ti imagen ni toda semejanza de lo que hay arriba en los Cielos, ni abajo en la tierra, ni en las aguas debajo de la tierra. No te inclinarás ante ellas ni las adorarás, porque Yo soy El Eterno, tu Dios, Dios celoso, que recuerda el pecado de los padres sobre los hijos y sobre la tercera (generación) y sobre la cuarta de los que me aborrecen; y hago bondad a millares, a los que Me aman y guardan Mis preceptos.

No tomarás para jurar en el Nombre de El Eterno, tu Dios, en vano, pues El Eterno no absolverá a nadie que tome Su Nombre en vano.

Recuerda el día de Shabat para santificarlo. Seis días trabajarás y harás toda tu labor. Y el día séptimo es Reposo para El Eterno, tu Dios; no harás ninguna labor, tú, tu hijo, tu hija, tu siervo, tu sierva, tu animal y tu extranjero que está dentro de vuestros portales. Pues El Eterno hizo los Cielos y la Tierra, el mar y todo lo que hay en ellos en seis días y descansó el día séptimo; por tanto, El Eterno bendijo el Día de Reposo y lo santificó.

Honra a tu padre y a tu madre para que se prolonguen tus días sobre la tierra que El Eterno, tu Dios, te da.

No matarás.

No cometerás adulterio.

No robarás.

No declararás falso testimonio contra tu prójimo.

No codiciarás la casa de tu prójimo. No codiciarás la mujer de tu prójimo, su sirviente, su sirvienta, su toro, su asno, ni nada que sea de tu prójimo (Éxodo 20:2-13).

Una clave esencial de la vida

Se concluye con la expresión «tu prójimo» para indicar que todo está basado en ese asunto.

Siendo así, ¿es posible suponer que cumpliendo con este precepto de hacer bondad y amar al prójimo, estudiando la Torá y orando a El Eterno se consigan todos los bienes que fueron mencionados previamente, y liberarse de los flagelos, los sufrimientos y las aflicciones?

Para poder entender correctamente la respuesta de este importante asunto, mencionaremos un ejemplo seglar. Es posible que una persona sea ejemplar, respetuosa de todas las normas y leyes sociales y estatales, y que las cumpla a rajatabla. Pero si hace algo indebido grave, eso le puede arruinar todos los méritos que acumuló. Por ejemplo, una persona que respeta todas las normas y los códigos establecidos en forma óptima es un buen vecino, generoso, que hace el bien, ayuda cuando alguien lo necesita, saluda siempre, es gentil y tiene todas las cualidades de una buena persona, pero un día, por algo circunstancial que ocurrió, perdió los estribos, tuvo una actitud desmedida y mató a otra persona, ¿dónde van todos los méritos que acumuló durante toda su vida? No lo salvarán. Esa persona, seguramente, va a ser juzgada y la enviarán a prisión por haber matado, incluso de por vida, pese a que fue una buena persona toda su vida.

Esto mismo puede suceder por realizar otro tipo de imprudencia sin matar a otra persona, pero cometiendo una infracción considerada grave, y por eso, esa persona es juzgada de un modo riguroso y pierde la libertad. Veamos un ejemplo: Una señora vivía cómodamente en su apartamento y era una vecina ejemplar. Se comportaba gentilmente con las demás personas, era generosa y bondadosa, jamás molestaba a nadie. Era una persona correcta e intachable. Sin embargo, un día su vida cambió. Ella vivía en el primer nivel y la ventana de su sala de estar daba a la calle. Y debajo de su apartamento comenzaron a reunirse chiquillos que venían a jugar, y sus voces le molestaban, porque no le permitía escuchar y ver sus novelas con tranquilidad. Muchas veces les pidió que hicieran silencio o se fueran a jugar a otro lado. Pero las molestias no cesaron. Y llegó un día fatal. Ese día estaba muy concentrada viendo su novela, y surgieron los gritos. Se levantó bruscamente del sillón, fue hasta la ventana, tomó una de las macetas con plantas que tenía junto a la misma y la arrojó. Como consecuencia de esa actitud, esa señora fue denunciada y llevada a un hospital psiquiátrico, y permaneció internada en el mismo durante toda su vida. Sólo por haber cometido un acto incorrecto una sola vez, todos sus méritos que acumuló durante toda su vida se perdieron en un solo instante junto con su libertad.

Observamos que no es suficiente con hacer todo bien durante toda la vida, también hay que saber qué es lo que no hay que hacer para no perder lo que se consiguió.

Un error puede quitar mucho bien

A continuación observaremos una enseñanza de los sabios que nos mostrará lo mismo que los ejemplos que hemos puesto anteriormente, pero según las instrucciones de la Torá.

Fue enseñado: «El que avergüenza el rostro de su compañero públicamente, el que anula el pacto de nuestro patriarca Abraham, que la paz sea con él, y el que revela interpretaciones de la Torá que no están de acuerdo con la ley, aunque sea que hay en su poder Torá y buenas acciones, no tiene parte para el Mundo Venidero» (Mishná, tratado de Avot 3:11).

El bien integral

Puede tratarse de una persona muy buena, generosa, con grandes acciones, pero cometió el error de avergonzar a su prójimo públicamente, lo que esa persona pierde es enorme, a tal punto que no es merecedora del Mundo Venidero. Y el mismo efecto pueden tener otro tipo de deslices, o errores, contra la integridad emocional, sentimental, mental o física de su prójimo.

A continuación veremos un suceso mencionado en el libro Ben Yehoiada que ilustrará el asunto y nos ayudará a comprenderlo mejor.

La historia de Rubén, Simón y Levi

Este suceso ocurrió con Rubén, quien poseía dos queridos amigos: Simón y Levi. Y a causa de su gran aprecio hacia ellos, les dio dinero y los ayudó, organizándoles y estructurándoles operaciones comerciales. Asimismo, les hizo numerosas bondades, hasta que logró que se convirtieran en poderosos acaudalados.

Años más tarde, la rueda giró y Rubén llegó a encontrarse en una situación muy apretada, y necesitaba la suma de 100 monedas dinar. Se dijo a sí mismo:

—Iré a ver a Simón y tomaré de él la suma que necesito, ya sea a manera de préstamo o como regalo, ya que le he beneficiado bastante y le he hecho muchas bondades, y gracias a mi ayuda ha ganado 20 000 monedas dinar.

Fue a casa de su amigo, pero no lo encontró. Le informaron que en esos momentos viajaba fuera de la ciudad.

Sin dudarlo, decidió ir tras los pasos de Simón. Partió de prisa. Caminó intensamente durante una hora, pero no pudo alcanzarlo, y tuvo que regresar.

Rubén estaba bastante angustiado por el esfuerzo y las molestias que se tomó en ir tras los pasos de su amigo sin lograr el objetivo de alcanzarlo. Además, lo apesadumbraba la idea de que si hubiera salido un cuarto de hora antes, lo hubiera hallado en su vivienda.

Cuando regresó, tomó el camino que se dirigía a la casa de Levi, para tomar de él 100 monedas dinar, pues también él era fiel amigo suyo y tuvo provecho de muchas bondades y beneficios a través de él, al igual que Simón.

Cuando llegó a su casa, lo encontró allí y le planteó la situación. Y después le dijo si podía prestarle la suma de 100 monedas dinar. Pero Levi respondió que no lo conocía ni sabía quién era.

Rubén tomó el camino de regreso a su casa y, mientras caminaba, comenzaron a deslizarse lágrimas por sus ojos hasta que estalló en llanto.

Su hijo, que lo acompañaba, y también fue con él a casa de Simón, le preguntó:

—¿Por qué aquí, por causa de lo ocurrido con Levi lloraste, y cuando fuiste a la casa de Simón no lo hiciste, considerando que tanto allí como aquí saliste con las manos vacías?

Rubén le respondió:

—Simón no me dijo nada y no me provocó ningún sufrimiento con sus palabras, sólo que yo no lo hallé, por tal razón me lamenté por mi esfuerzo inútil, yendo tras él sin hallarlo. Y si lo hubiera podido alcanzar, es posible que hubiera concedido mi solicitud. Sin embargo, Levi me hizo sufrir con palabras hirientes, pues dijo que no me conocía y no sabía quién soy, y él tuvo provecho de mí miles de veces 100 monedas dinar. Y ahora, no sólo que no obtuve nada de él, sino que además me destrozó y dijo que no me conoce, por eso lloré.

Aprendemos de aquí la gravedad que tiene herir con palabras, y la consecuencia de esto cuán terrible es. Y más aún aquellos que no reconocen las bondades que se les hizo y su accionar deja mucho que desear. Contrariamente a eso, las personas que pueblan el mundo deben actuar con benevolencia y generosidad entre unos y otros, porque la bondad es uno de los tres pilares sobre los cuales el mundo se mantiene. Y siempre la persona ha de cuidarse de no hacer lo que hace sufrir a los demás.

En el próximo capítulo, observaremos historias talmúdicas sorprendentes que complementarán lo que hemos visto hasta aquí. Nos abrirán el camino para lograr el beneficio tan grande que surge de obrar bien, pero considerando también lo que no se debe hacer para mantener todos esos beneficios y que no se pierda nada de los mismos.

VI

Las obras correctas y los errores

En este capítulo observaremos historias extraordinarias, ocurridas con sabios eminentes, que nos dejarán enseñanzas relevantes para poder vivir correctamente, felices y llenos de dicha.

Estudiaron los sabios: aconteció un suceso con un alumno que fue ante rabí Yehoshúa y le preguntó:

—La plegaria nocturna ¿es opcional u obligatoria?

Rabí Yehoshúa le dijo:

—Es opcional.

Fue ante rabán Gamliel y le preguntó:

—La plegaria nocturna ¿es opcional u obligatoria?

Rabán Gamliel le dijo:

—Es obligatoria.

El alumno le dijo:

—Pero rabí Yehoshúa me dijo que es opcional.

Rabán Gamliel le dijo:

—Aguarda a que entren los sabios a la Casa de Estudio.

La sala completa

Cuando los sabios entraron a la Casa de Estudio, el que preguntaba se puso de pie y preguntó:

—La plegaria nocturna ¿es opcional u obligatoria?

Rabán Gamliel le dijo:

—Es obligatoria.

Y el mismo rabán Gamliel se dirigió a los sabios y les dijo:

—¿Hay alguien que está en desacuerdo con esto?

Rabí Yehoshúa le dijo:

—No.

Rabán Gamliel dijo a rabí Yehoshúa:

—Pero me han dicho en tu nombre que tú has dicho que es opcional. –Y agregó–: ¡Yehoshúa! Ponte de pie y testificarán sobre ti.

Rabí Yehoshúa se puso de pie y dijo:

—Si yo estuviera vivo y él muerto, el vivo podría debilitar (el testimonio) del muerto; pero ahora que yo estoy vivo y él está vivo, ¿cómo el vivo podría debilitar (el testimonio) del vivo?

Rabán Gamliel estaba sentado y disertaba, mientras rabí Yehoshúa estaba de pie. Esto fue así hasta que todo el pueblo comenzó a impacientarse, y le dijeron a Jutzpit, el vocero de rabán Gamliel (que transmitía en voz alta sus palabras a toda la congregación):

—¡Detente!

Y él se detuvo. Entonces dijeron:

—¿Hasta cuándo seguirá haciéndolo sufrir? El año pasado, en el Año Nuevo –Rosh Hashana–, lo hizo sufrir; con los primogénitos del suceso de rabí Tzadok lo hizo sufrir, y ahora también lo hizo sufrir. ¡Destituyámoslo!

Entonces propusieron:

—¿A quién designaremos en su lugar?

Algunos dijeron:

—Designemos a rabí Yehoshúa.

Pero lo descartaron, pues era el protagonista del suceso. Entonces dijeron:

—Designemos a rabí Akiva.

Pero lo descartaron, pues carecía de méritos de los ancestros. Por eso dijeron:

—Designemos a rabí Eleazar ben Azaria, que es sabio, es adinerado, y es el décimo (descendiente) de Esdras.

Y explicaron la razón de su propuesta:

—Es sabio, y si (rabán Gamliel) le preguntara, le podrá responder. Es adinerado, y si intercediere ante el emperador, él también podrá ir e interceder. Y es el décimo (descendiente) de Esdras, por lo que posee el mérito de los ancestros, y no lo podrá castigar.

La gran propuesta

Fueron y le propusieron a rabí Eleazar ben Azaria:

—Señor, ¿estaría de acuerdo en convertirse en el líder de la Academia?

Rabí Eleazar ben Azaria les dijo:

—Iré y lo consultaré con la gente de mi casa.

Fue y lo consultó con su esposa, y ella le dijo:

—Tal vez te remuevan del cargo (en el futuro).

Él le respondió:

—Si hoy la persona tiene un vaso valioso, que lo utilice, y si mañana se quiebra, se quiebra.

Ella le dijo:

—No tienes barba blanca (y pareces demasiado joven para ser el primer mandatario).

Ese día, rabí Eleazar ben Azaria tenía 18 años, y le sucedió un milagro, y se le formaron 12 mechones de barba blanca. Tal como declaró rabí Eleazar ben Azaria:

—¡He aquí que yo soy como de 70 años.[1] Y no (dijo) de 70 años.

Grandes cambios en la casa de estudio

Fue estudiado: Ese día quitaron al guardia de la entrada y les fue concedido permiso a los estudiosos a que entraran. Porque rabán Gamliel –cuando gobernaba– pregonaba y decía:

—Todo estudioso que no sea en su interior lo que manifiesta exteriormente no ha de entrar a la Casa de Estudio.

Ese día se agregaron varios bancos. Dijo rabí Yojanán:

---

1. Talmud, tratado de Berajot 12b.

—Rabí Aba Yosef ben Dostai y Rabanán discreparon acerca de la cantidad. Uno de ellos dijo que se agregaron 400 bancos y el otro dijo que se agregaron 700 bancos.

Entonces, el ánimo de rabán Gamliel se debilitó; y dijo:

—Tal vez, Dios libre, he impedido la Torá en Israel (y temía ser castigado por eso).

Pero le sobrevino un sueño en el que le mostraron una escena de vasijas de cerámica llenas de ceniza. (Se le indicaba que, así como las vasijas de cerámica son blancas y relucientes por fuera, por dentro están llenas de ceniza oscura. En alusión a los alumnos que se incorporaron, su interior no es como su exterior, no son dignos). Pero no era así, sino que el sueño que le fue mostrado llevaba por finalidad calmar a rabán Gamliel.

Todas las dudas esclarecidas

Fue estudiado en el tratado de Eduiot: Toda enseñanza impartida, acerca de la cual se dijo: «En ese día», se refiere a ese día en el que asumió rabí Eleazar ben Azaria. Y no hubo ninguna ley que quedó en suspenso, sin resolver, en la Casa de Estudio (porque al haber muchos estudiosos, se esclarecieron todas las dudas). E incluso rabán Gamliel, que había sido removido de la presidencia, no se abstuvo de asistir a la Casa de Estudio siquiera por un instante. Como fue estudiado en la Mishná (tratado de Iadaim 4:4): En ese día vino Yehuda, que era un prosélito amonita y se presentó ante los sabios en la Casa de Estudio. Dijo:

—¿Yo puedo entrar a la congregación de los Hijos de Israel (casándome con una mujer israelita)?

Rabán Gamliel le dijo:

—Tú tienes prohibido entrar a la congregación de los Hijos de Israel.

Pero rabí Yehoshúa le dijo:

—Tú tienes permitido entrar a la congregación de los Hijos de Israel.

Rabán Gamliel le dijo a rabí Yehoshúa:

—Pero he aquí que está escrito: «El amonita y el moabita no entrarán en la congregación de El Eterno, ni siquiera su décima generación entrará en la congregación de El Eterno, hasta la eternidad, por no haberte recibido con pan y agua en el camino cuando salías de Egipto, y por haber contratado a Bilaam, hijo de Beor, de Petor, Aram Naharaim, para maldecirte» (Deuteronomio 23:4-5).

Rabí Yehoshúa le dijo a rabán Gamliel:

—¿Acaso los moabitas y los amonitas residen en su lugar original? Ha de considerarse que Sanjeriv, el rey de Asiria, invadió todas las tierras y desterró a todos los pueblos. Como está dicho: «Quité los territorios de los pueblos, y saqueé sus tesoros, y derribé a los que se encontraban en las fortalezas. Y halló mi mano como nido las riquezas de los pueblos; y como se recogen los huevos abandonados, así me apoderé yo de toda la tierra; y no hubo quien moviese ala, ni abriese la boca y gorjease» (Isaías 10:13-14). Y ha de considerarse la regla que señala: «Todo lo que se ha apartado, ciertamente se ha apartado de la mayoría». (Es decir, en caso de duda se rige por la mayoría). Y debido a que la mayoría de las personas que moran sobre la faz de la Tierra no son amonitas, ciertamente este prosélito no es descendiente de los amonitas, sino del resto del mundo.

Rabán Gamliel le dijo a rabí Yehoshúa:

—Pero he aquí que está dicho: «Y después de esto haré volver a los cautivos de los hijos de Amón, dice El Eterno» (Jeremías 49:6). Y seguramente ya han vuelto a su tierra.

Rabí Yehoshúa le dijo a rabán Gamliel:

—Pero he aquí que está dicho: «Y haré volver a los cautivos de Mi pueblo, Israel» (Amós 9:14). Y aún no han vuelto a su Tierra. Y así como esta profecía no se cumplió aún, es posible decir que tampoco se ha cumplido la que tú has citado.

Inmediatamente le permitieron entrar a la congregación (a Yehuda).

La reflexión de rabán Gamliel

Dijo rabán Gamliel:

—Ya que así fue (que la ley fue determinada según su opinión significa que en los Cielos acuerdan con él), iré a disculparme de rabí Yehoshúa.

Cuando llegó a su casa, vio que las paredes estaban ennegrecidas. Y rabán Gamliel dijo a rabí Yehoshúa:

—Por las paredes de tu casa se nota que eres carbonero.

Rabí Yehoshúa le respondió:

—¡Ay de la generación que te ha tenido como el máximo dirigente, pues no sabes de la aflicción de los eruditos, a través de qué medios ellos se sustentan y se mantienen!

Rabán Gamliel le dijo:

—¡Te he afligido! ¡Perdóname!

Rabí Yehoshúa no reparó en él. Entonces rabán Gamliel le dijo:

—Hazlo por el honor de mi padre.

Y rabí Yehoshúa lo perdonó.

El efecto de la reconciliación

Los que estaban presentes y escucharon que rabí Yehoshúa lo perdonó dijeron:

—¿Quién irá para comunicárselo a los sabios que se encuentran en la Casa de Estudio?

Aquel lavandero que se encontraba allí dijo:

—Yo iré.

Rabí Yehoshúa le envió con este mensaje –era una parábola, ya que el erudito las utilizaba con suma frecuencia–:

—Quien está habituado a vestir la túnica de honor (rabán Gamliel) vista la túnica de honor, y quién no está habituado a vestir la túnica de honor (rabí Eleazar ben Azaria) ¿es apropiado que le dijera a quién está habituado a vestir la túnica de honor: ¡quítate la túnica de honor y yo la vestiré!?».

A través de estas palabras indicaba que debe devolverse a rabán Gamliel la presidencia.

Rabí Akiva, que se encontraba en la Casa de Estudio, les dijo a los sabios que estaban allí:

—¡Cerrad las puertas de la Casa de Estudio para evitar que los hombres de la servidumbre de rabán Gamliel molesten a los sabios!

La destacada actitud de rabí Yehoshúa

Dijo rabí Yehoshúa:

—Es mejor que yo mismo me levante y vaya a ellos.

Se dirigió al lugar, golpeó a la puerta y dijo a los sabios esta parábola:

—Un sacerdote hijo de sacerdote es apropiado para esparcir (la ceniza de la vaca roja mezclada con agua de manantial sobre los impuros); y quien no es sacerdote ni hijo de sacerdote, ¿él le dirá a un sacerdote hijo de sacerdote: ¡Tu agua es agua de cisterna (agua común), y tu ceniza es ceniza de horno (ceniza común)!?

A través de esta parábola les dijo: así como una persona común, que no es sacerdote, no es propicia para enseñarle a un sacerdote hijo de sacerdote cómo esparcir las aguas con las cenizas purificadoras, del mismo modo es impropio que alguien que no fuere de la nobleza ejerza como ministro principal.

Rabí Akiva le dijo:

—Rabí Yehoshúa, ¿has perdonado a rabán Gamliel? No hemos hecho esto sino por tu honor. Mañana tú y yo madrugaremos y nos presentaremos en la puerta de la casa de rabán Gamliel.

El gran dilema

Los sabios dijeron:

—¿Cómo haremos? ¿Acaso hemos de quitar del cargo a rabí Eleazar ben Azaria? ¡No deberíamos hacer eso, tal como fue estudiado: «Se eleva en la santidad y no se desciende»! Podríamos hacer que se alternen, y uno diserte en la Casa de Estudio una semana y el otro la semana siguiente. Pero tampoco estaría bien, pues despertaría envidia entre ambos. Más bien que diserte rabán Gamliel tres semanas, y rabí Eleazar ben Azaria una semana.

A esto se refirió el maestro cuando dijo:

—¿De quién era el turno de la semana? El turno de la semana era de rabí Eleazar ben Azaria.[2]

---

2. Véase Talmud, tratado de Jaguigá 3a.

Y ese alumno (que había causado la disputa) era rabí Shimon bar Iojai (Berajot 27b-28a).

Un suceso conmovedor

Raban Gamliel demostró que no había actuado con rigor por un interés personal, sino por el beneficio de todos, para que la ley no estuviera dividida. Pero hacer sufrir a otra persona es algo bastante complicado, porque aunque se actúe con buenas intenciones, puede tener consecuencias inesperadas, tal como ocurrió con Penina, como está escrito: Hubo un varón de Ramataim Tzofim, del monte de Efraín, cuyo nombre era Elcana hijo de Jeroham, hijo de Eliú, hijo de Toju, hijo de Tzuf, efrateo. Y tenía dos mujeres, el nombre de una era Ana y el nombre de la segunda era Penina; y Penina tenía hijos y Ana no tenía hijos. Y ese hombre ascendía año tras año de su ciudad para prosternarse y ofrecer ofrendas a El Eterno de los ejércitos en Shilo; y allí se encontraban dos de los hijos de Elí, Jofni y Pinjas, sacerdotes de El Eterno.

Y cuando llegaba el día (de ofrecer las ofrendas de paz), Elcana ofrecía ofrendas, y daba porciones a Penina, su mujer, y a todos sus hijos e hijas. Y a Ana le daba una porción escogida, porque amaba a Ana, y El Eterno le había cerrado su vientre. Y su opositora la irritaba, y volvía a irritarla, para enfurecerla, porque El Eterno le había cerrado su vientre. Y así hacía año tras año, cuando ascendía a la Casa de El Eterno, la irritaba así; y (Ana) lloraba y no comía. Y su marido Elcana le dijo: Ana, ¿por qué lloras, y por qué no comes? ¿y por qué tu corazón está apesadumbrado? ¿Acaso no soy yo para ti mejor que diez hijos?

La reacción de Ana

Y Ana se levantó después de comer en Shilo, y después de beber; y el sacerdote Elí estaba sentado en una silla junto a la jamba del Templo de El Eterno. Y ella estaba con amargura de alma, y oró a El Eterno, y lloró mucho. E hizo voto, y dijo: «El Eterno de los ejércitos, si vieres la aflicción de tu sierva, y te acordares de mí, y no te olvidares de tu sierva, y dieres a tu sierva simiente de hombres, lo daré (a mi hijo) a El Eterno todos los días de su vida, y navaja no pasará sobre su cabeza».

Y ocurrió que mientras ella oraba prolongadamente delante de El Eterno, Elí observaba (para escuchar qué salía de) la boca de ella. Y Ana hablaba en su corazón, y solamente sus labios se movían, y su voz no se escuchaba; y Elí la consideró ebria. Y Elí le dijo:

—¿Hasta cuándo estarás ebria? Aparta tu vino de ti.

Y Ana le respondió y dijo:

—No, señor mío; yo soy una mujer de espíritu afligido; no he bebido vino nuevo ni vino añejo, sino que derramo mi alma ante El Eterno. No consideres a tu sierva como una mujer libertina, porque por la abundancia de mis palabras (de angustia) y mi irritación (que sufro) he hablado hasta ahora.

Elí respondió y dijo:

—Ve en paz, y el Dios de Israel te otorgue tu solicitud, lo que le has pedido.

Y ella dijo:

—Tu sierva halle gracia ante tus ojos.

Y la mujer se fue por su camino, y comió, y ya no tuvo más su rostro (afligido). Y se levantaron temprano en la mañana, se prosternaron ante de El Eterno, y regresaron, y llegaron a su casa en Ramá; y Elcana estuvo con Ana, su mujer, y El Eterno se acordó de ella.

La felicidad de Ana

Y sucedió al cabo del período de los días (de embarazo) que Ana concibió y dio a luz un hijo, y le puso por nombre Samuel; porque lo solicité a El Eterno. Y ascendió el hombre, Elcana, con toda su familia, para ofrendar a El Eterno las ofrendas del día (en que estaba habituado a hacerlo cada año) y (cumplir) su voto. Y Ana no ascendió, porque dijo a su marido:

—Hasta que el niño sea destetado, y lo lleve, y esté presente ante El Eterno, y permanezca allí para siempre.

Y su marido Elcana le dijo:

—Haz lo que esté bien en tus ojos; permanece hasta destetarlo, pero (en lo que respecta al futuro del niño) que El Eterno cumpla su palabra.

Ana vuelve a encontrarse con Elí

Y la mujer se quedó, y amamantó a su hijo hasta que lo destetó. Y cuando lo hubo destetado, lo hizo ascender con ella, (y ascendieron) con tres toros, una medida *efa* de harina y un odre de vino, y lo trajo a la Casa de El Eterno en Shilo; y el niño era (aún un) niño. Y faenaron ritualmente el toro, y llevaron al niño a Elí. Y ella dijo:

—Con permiso señor mío, vive tu alma, señor mío, yo soy la mujer que estuvo de pie junto a ti, orando a El Eterno. Oré por este niño, y El Eterno me otorgó lo que le solicité, lo que le pedí. Y también yo lo doy a El Eterno, todos los días de su vida será dado a El Eterno; y se prosternaron allí a El Eterno.

El agradecimiento de la madre

Y oró Ana, y dijo:

—Mi corazón se regocija en El Eterno, mi poder se enaltece en El Eterno; mi boca se ha ensanchado sobre mis enemigos, porque me he alegrado en Tu salvación. No hay santo como El Eterno, porque no hay (ningún poder) fuera de ti, y no hay fuerte como nuestro Dios. No habléis cuantiosas palabras de altanería y grandeza, y no, palabras de poder de vuestras bocas; porque El Eterno es Dios de todo saber, y las acciones (de todos los entes creados) son enumeradas ante Él. El arco de los fuertes es quebrado, y los débiles son ceñidos de poder (por obra de El Eterno). Los saciados (pierden su fortuna y) se alquilan por pan, y los hambrientos cesan (de alquilarse para conseguir pan, y tienen lo que necesitan); hasta la estéril dio a luz siete, y la que poseía muchos hijos es tronchada. El Eterno hace morir y hace vivir; hace descender al Seol, y hace ascender.

El Eterno hace empobrecer y enriquecer; abate y también encumbra. Eleva del polvo al indigente, y levanta del vertedero al menesteroso para hacerle sentar con príncipes y hacerle heredar un asiento de honor; porque de El Eterno son los cimientos de la tierra, y Él afirmó el mundo sobre ellos. Guarda los pies de sus piadosos, y los malvados son tronchados en tinieblas; porque un hombre no prevalece por su propia fuerza. El Eterno, sean quebrantados sus contendientes (de mi hijo), y truene sobre ellos desde los Cielos; El Eterno juzgará los confines de la tierra, dará fortaleza a su rey y encumbrará el poder de su ungido.

Y Elcana fue Ramá, a su casa, y el niño servía a El Eterno ante el sacerdote Elí (I Samuel cap. 1, y 2:1-11).

La prosperidad de Ana

Y ésta no fue la única dicha de Ana, ya que además de tener un hijo, después le nacieron varios más, como está escrito a continuación: «Y Elí bendijo a Elcana y a su mujer, y dijo: "El Eterno te otorgue simiente de esta mujer por el pedido que pidió a El Eterno"; y se marcharon a su lugar. Y El Eterno recordó, pues, a Ana, y ella concibió, y dio a luz tres hijos y dos hijas; y el joven Samuel crecía ante El Eterno» (I Samuel 2:20-21).

El resultado de la actitud

Hemos visto la historia de una mujer que sufría mucho porque no tenía hijos, y, al mismo tiempo, padecía de terribles ataques por parte de su opositora, que la martirizaba valiéndose de un argumento tan delicado como lo era raíz de su aflicción, su infertilidad. Tal como está escrito: «Y su opositora la irritaba, y volvía a irritarla, para enfurecerla, porque El Eterno le había cerrado su vientre». Se observa que ése era el argumento utilizado por su opositora. Y los sabios revelaron qué es lo que le decía, y de qué manera la irritaba. Le decía:

—¿Acaso has comprado hoy una capa para tu hijo mayor, o una túnica para tu hijo pequeño?

Resulta, pues, que el agravio era extremadamente hiriente e irritante. Por eso, no es de extrañar la reacción de Ana, de llorar y no comer, hasta que su angustia fue tal que se dirigió al Templo Sagrado y expuso su dolor ante El Eterno.

Buena intención con una mala acción

Ahora bien, podría suponerse que las intenciones de Penina eran perversas y muy maliciosas. Sin embargo, los sabios explicaron que no fue así, y su intención era que Ana se angustiara mucho por su esterilidad para que en medio de su gran dolor se dirigiera a El Eterno con el corazón contrito y le pidiera que le dé hijos (véase Rashi a I Samuel 1:6; Talmud, tratado de Baba Batra 16a).

Antes bien, aunque las intenciones de Penina fueran buenas, no es correcto actuar así. El sufrimiento debe evitarse siempre que sea posible, ya que El Eterno está muy atento al dolor y a cada lágrima derramada por sufrimiento. Por eso, hacer sufrir a otra persona es muy peligroso. Y lo que está escrito a continuación, en la oración de agradecimiento de Ana, nos lo demuestra. Como está escrito: «Hasta la estéril dio a luz siete, y la que poseía muchos hijos es tronchada» (I Samuel 2:6).

Ana se refirió a sí misma, ya que El Eterno la bendijo con más hijos, como está descrito más adelante: «Y El Eterno recordó, pues, a Ana, y ella concibió, y dio a luz tres hijos y dos hijas; y el joven Samuel crecía ante El Eterno» (I Samuel 2:21). Siendo así, ella tenía cinco hijos, más el que había dado a El Eterno y estaba en el Templo Sagrado, pero en su casa ella tenía cinco hijos que criaba, ¿y por qué dijo: «Hasta la estéril dio a luz siete»? ¿De dónde salieron los otros dos hijos que mencionó en su alabanza?

El misterio de los siete hijos

Los sabios lo explicaron: Penina tenía diez hijos, como está escrito: «¿Acaso no soy yo para ti mejor que diez hijos?» (I Samuel 1:8). Pero después de lo que sucedió, cada vez que a Ana le nacía un hijo, a Penina le fallecían dos hijos. Y cuando a Ana le habían nacido cuatro hijos,

Penina había sepultado ocho hijos. Y cuando Ana quedó preñada y dio a luz el quinto hijo, Penina se arrojó a sus pies, y pidió clemencia; y los dos hijos que le quedaban a Penina vivieron por Ana, y fueron llamados a nombre de ella. Y a esto se refiere lo que está escrito: «Hasta la estéril dio a luz siete, y la que poseía muchos hijos es tronchada» (véase Rashi a I Samuel 2:5).

Siendo así, hemos de considerar que rabán Gamliel hizo sufrir a rabí Yehoshúa. Y aunque sus intenciones seguramente fueron buenas y se trataba de un hombre humilde, como lo demostró con su actitud posterior, lo que derivó en su restitución al cargo de ministro principal, aun así, el sufrimiento causado ¿le generó algún tipo de consecuencias?

Dado que es un tema trascendental, lo analizaremos puntillosamente en el próximo capítulo para aprender enseñanzas extraordinarias y relevantes.

VII

La importancia del bienestar del prójimo

La importancia del bienestar del prójimo es relevante para El Creador, que nos entregó sus preceptos y mandamientos para que sepamos cómo comportarnos con nuestros semejantes, respetándolos y honrándolos debidamente, sin herirlos emocionalmente, desmoralizarlos ni hacerlos sufrir en forma desconsiderada. Por eso, ya que hemos comenzado a ver este asunto mencionando sucesos de los grandes sabios de Israel, continuaremos analizando este tema, y en especial lo ocurrido con rabán Gamliel.

La conmovedora historia del horno

Los sabios analizaban el caso de un horno que fue construido con arcilla. Debido a que se había impurificado, lo seccionaron en fragmentos pequeños, que no superaran los cuatro puños,[1] pues un fragmento de una medida inferior a ésa no recibe impureza.

Después de cortarlos, retiraron todos los fragmentos y los volvieron a colocar. Pero los huecos que habían quedado entre fragmento y fragmento los rellenaron con arena para que los separase y no se tocaran. Después revocaron el horno por fuera.

---

1. Un puño es una medida de longitud equivalente a 8 centímetros.

La ley del revoque

Ahora bien, en eso que se hizo al final había un problema, pues a ese revoque se lo puede considerar como un elemento que une a los fragmentos, ya que el material colocado anulaba la condición aislante de la arena que los separaba, pues ahora todos los fragmentos estaban unidos por el revoque. Aunque también se podría suponer que no es así. Es decir, existe la posibilidad de considerar que el revoque exterior no une los fragmentos, los cuales siguen separados por la arena. Los sabios debatieron largamente el asunto.

Ésta fue la conclusión: un horno con esas características fue declarado puro y apto para ser utilizado por rabí Eliezer, en tanto los sabios lo declararon impuro.

Ése es el horno denominado Ajnai, que significa serpiente. Pues es común en ellas enroscarse, y con su boca atrapan su cola, adoptando exactamente la misma forma en que se hacen los fragmentos para la fabricación de este tipo de hornos.

El enigmático nombre del horno

¿Por qué se denominó a ese horno Ajnai? Porque ese asunto dio muchas vueltas, como es común en las serpientes; y finalmente declararon al horno impuro.

Las maravillas de rabí Eliezer

Ese día, rabí Eliezer otorgó todas las respuestas factibles, defendiendo su posición, y no se las aceptaron. Les dijo a los sabios:

—Si la ley es como digo, que el árbol de algarrobo lo pruebe.

Después de decir eso, el árbol de algarrobo se movió a una distancia de cien codos.[2] Y hay maestros que sostienen que no fueron cien codos solamente, sino cuatrocientos.

---

2. Un codo es una medida de longitud equivalente a 48 centímetros.

Los sabios le respondieron:

—No se aceptan pruebas de algarrobos.

Rabí Eliezer insistió y dijo:

—Si la ley es como yo digo, que el manantial de agua lo pruebe.

De inmediato el manantial retrocedió llevando sus aguas hacia atrás.

Los sabios le respondieron:

—No se aceptan pruebas proporcionadas a través de manantiales.

Rabí Eliezer no se dio por vencido y dijo:

—Si la ley es como digo, que los muros de la Casa de Estudio lo prueben.

Inmediatamente los muros de la Casa de Estudio se inclinaron, y estaban a punto de caer. Sin embargo, antes de que eso sucediera, rabí Yeoshúa los amonestó, y les dijo:

—Si los sabios debaten una ley, vosotros ¿por qué os entrometéis?

Ocurrió que no cayeron en honor a rabí Yeoshúa, y tampoco se enderezaron por el honor de rabí Eliezer; y hasta ahora están en esa posición.

Rabí Eliezer intentó un último recurso, y dijo:

—Si la ley es como digo, que desde el Cielo lo prueben.

Enseguida se oyó una voz que provenía del Cielo, y decía:

—¿Qué tenéis contra Rabí Eliezer? La ley es como él lo manifiesta en todas las circunstancias.

Rabí Yeoshúa se puso de pie y sentenció:

—La Torá no está en los Cielos (véase Deuteronomio 30:12).

Rabí Yermía lo explicó, pues dijo:

—La Torá fue entregada al pueblo de Israel a través de Moisés, en el monte Sinaí, y desde entonces, la ley se discute entre los sabios aquí en la Tierra, y según la opinión mayoritaria, se determina la ley. Y no reparamos en las voces, pues está escrito: «Según la (opinión de la) mayoría inclinarás (la sentencia de la ley)» (Éxodo 23:2).

El encuentro con el profeta Elías

Entretanto, rabí Natán encontró al profeta Elías, y le preguntó:

—¿Qué hace El Eterno en este momento?

Elías le respondió:

—Sonríe y dice: «Obtened la victoria en la sentencia de la ley por Mí, hijos míos; obtened la victoria en la sentencia de la ley por Mí, hijos míos».

Pues es un honor para El Eterno que los sabios utilicen todo su potencial y se esfuercen al máximo para esclarecer la ley basada en la Torá que El Eterno legó a su pueblo.

Las secuelas de la disputa

Después de ese suceso ocurrido entre los sabios y rabí Eliezer, decidieron quemar todo lo que se había horneado en los hornos permitidos por rabí Eliezer. La razón era porque la ley se estableció según la opinión de la mayoría, o sea, los sabios.

Posteriormente, los sabios se reunieron y sentenciaron sobre rabí Eliezer que debía ser excomulgado. Preguntaron:

—¿Quién irá para comunicarle el decreto?

Para aplicar esa determinación, se requería que quién lo hiciera fuese metódico y cauto, pues rabí Eliezer era uno de los principales sabios que había en la academia, siendo necesario ser cuidoso en extremo al transmitirle la desagradable noticia, ya que quien transmite una mala noticia directamente, sin hacerlo de modo que se entienda ambivalentemente para que el que escuche deduzca por sí solo lo que sucede, es considerado «un necio que ha pronunciado una calumnia».

Por tal razón, Rabí Akiva dijo:

—¡Yo iré! Pues si lo hace alguien que no es apropiado, al comunicarle la noticia podría causar la destrucción de todo el mundo.

El erudito dijo eso porque quién provoca sufrimiento a otro, y derrama lágrimas, puede causar desenlaces trágicos en perjuicio de quien lo hizo sufrir. Y tratándose de un hombre tan importante como rabí Eliezer, su aflicción podría causar daños terribles a todo el mundo, pues El Eterno escuchará de inmediato su llanto.

La visita al maestro con angustia

Rabí Akiva, que era discípulo de rabí Eliezer, se vistió con ropas negras en señal de duelo, se colocó un manto negro, y fue a ver a su maestro. Cuando llegó, se sentó frente a él a una distancia de cuatro codos.

Rabí Eliezer le preguntó:

—¿A qué se debe esta conducta que difiere a la de todos los días?

Rabí Akiva le respondió:

—¡Mi maestro! Me parece que los compañeros se apartan de ti.

Al escuchar rabí Eliezer, también él se vistió de duelo. Rasgó sus ropas –tal como es la ley para un excomulgado–, quitó los zapatos de sus pies, se deslizó de sobre su silla y se sentó sobre el suelo. En esos momentos brotaron lágrimas de sus ojos y resbalaron por sobre sus mejillas.

Cuando ocurrió eso, un tercio de los olivos que había en el mundo sufrieron daños, lo mismo le sucedió a un tercio del trigo y la cebada. Y hay quienes sostienen que también la masa que las mujeres estaban elaborando en ese momento, se hinchó de una manera inusual. Tan poderoso era en ese día rabí Eliezer, que todo sitio donde se dirigieron sus ojos resultó totalmente incinerado.

Un incidente en medio del mar

En ese mismo día, rabán Gamliel, el presidente de la Academia, que por su dictamen se decretó el excomulgado de rabí Eliezer, navegaba en una embarcación.

Se hallaba en medio del mar cuando se desató una feroz tormenta que amenazaba con hundir el navío.

El presidente de la Academia reflexionó sobre lo que estaba sucediendo, y concluyó:

—Me parece que esto se debe a lo ocurrido con rabí Eliezer, el hijo de Urkanus.

Inmediatamente se puso de pie y manifestó:

—¡Amo del universo! Es manifiesto y sabido ante Ti que no lo hice por mi propio honor, sino por Tu honor, para que no se incrementen las discusiones en Israel (para que las personas no se acostumbren a discutir frente a la mayoría).

Después de eso, la furia de la tormenta decreció y el mar se calmó.

La intervención de la hermana del presidente

Desde ese día, Ima Shalom, la esposa de rabí Eliezer, que a su vez era la hermana de rabán Gamliel, no permitía a su marido recitar la plegaria denominada *Nefilat Apaim*. En la misma se deja caer el rostro para derramar súplicas y aflicciones frente al Creador.

Un día la señora pensó que en ese mes los días de la luna nueva eran dos —ya que hay veces que dura un día y otras veces dos días para equilibrar los meses—. Pero en realidad en esa ocasión correspondía un solo día, y ya había pasado. Por eso, el día que estaba transcurriendo era completamente hábil y se podía recitar la plegaria denominada *Nefilat Apaim*, en la que se deja caer el rostro. Y ocurrió que un menesteroso golpeó a la puerta y la mujer le llevó un pan. Entretanto, descuidó a su marido, y cuando regresó, lo halló recitando la plegaria en la que se deja caer el rostro.

Su esposa, al verlo en esa posición, le reclamó:

—¡Levántate, has matado a mi hermano!

Al mismo tiempo que decía esto, se oyó el sonido de un cuerno denominado *shofar,* que provenía de la casa de rabán Gamliel, anunciando su fallecimiento.

Rabí Eliezer le preguntó a su esposa:

—¿De dónde sabías que quien recita esta plegaria causa efectos tan grandes?

Ella le respondió:

—Así lo he recibido por tradición de la casa de mi abuelo (que era descendiente del rey David): «Todos los portales han sido cerrados, excepto los portales de la aflicción» (Talmud, tratado de Babá Metzía 58b, 59a).

Las enseñanzas sublimes

Estas historias que hemos visto nos muestran la importancia de ser considerados con las demás personas y no hacerlas sufrir. E incluso cuando se está convencido de que se posee la verdad, y los fines sean buenos, tal como ocurrió con los casos mencionados, de todos modos, los sabios enseñaron que se debe ser humilde y no riguroso. Y ésa es una clave extraordinaria para vivir en armonía, con alegría, y merecer la ayuda de lo Alto para liberarse de las angustias y los problemas. Por eso, dado que es un tema tan importante, lo abordaremos en forma amplia en el próximo capítulo

VIII

La importancia de la tolerancia

Para comprender lo concerniente a los beneficios de la humildad y la tolerancia, vamos a citar enseñanzas de los sabios que se refieren a este asunto y que nos permitirán comprenderlo apropiadamente.

Es posible que aplicando el rigor se logre el objetivo que se desea conseguir. Y el mismo puede ser muy provechoso, y beneficioso para mucha gente, incluso para todo un pueblo o para todo el mundo. Pero, aun así, los sabios enseñaron que hay que conservar la humildad, pasando por alto las propias cualidades, y siendo humilde. Y vamos a citar un ejemplo ilustrativo.

El efecto de la introspección

En el Talmud se narra este suceso: una vez había sequía y rabí Eliezer decretó trece ayunos sobre la población. Pero no llovió. Finalmente, tras completarse esta serie de ayunos, las personas comenzaron a salir de la sinagoga. Entonces rabí Eliezer les dijo:

—¿Ya habéis cavado vuestras tumbas?

A través de eso, les indicaba que ya no había más probabilidades de salvarse y era necesario hacer una introspección y rectificar la conducta.

Los pobladores comprendieron el mensaje y estallaron en llanto. Inmediatamente comenzó a llover (Talmud, tratado de Taanit 25b).

El beneficio de pasar por alto

Vemos que, en este caso, el rigor funcionó y fue de utilidad para salvar a todo un pueblo de morir de hambre, ya que si no hay lluvia no hay alimentos. Y a continuación, se narra en el Talmud este otro suceso: nuevamente aconteció un suceso con rabí Eliezer, que se dirigió al púlpito y pronunció las veinticuatro bendiciones estipuladas para los días de ayuno por falta de lluvias. Pero no hubo respuesta de lo Alto.

Después, se dirigió al púlpito rabí Akiva y dijo:

—Padre nuestro, no poseemos rey fuera de Ti. Padre nuestro, en aras de Ti mismo, ¡apiádate de nosotros!

E inmediatamente comenzó a llover.

Los sabios empezaron a murmurar contra rabí Eliezer, (pues aparentemente rabí Akiva era más justo que él. Ya que El Eterno respondió su plegaria, lo que no fue así con rabí Eliezer).

Entonces, surgió una voz del Cielo que decía:

—No porque éste es más grande que éste (fue recibida su plegaria), sino porque éste (rabí Akiva) pasa por alto sobre sus cualidades, y éste (rabí Eliezer) no pasa por alto sobre sus cualidades» (Talmud, tratado de Taanit 25b).

El control de los impulsos

Hemos visto que rabí Akiva pasaba por alto sobre sus cualidades, o sea, controlaba los impulsos, y por eso, su plegaria fue respondida. Y como esa actitud es tan importante, vamos a investigar la conducta de este sabio para aprender de él.

Porque rabí Akiva en sus comienzos era un hombre simple y pobre, pero poseía una gran virtud, pensaba positivamente. Él sabía juzgar de forma favorable y consideraba que todo es para bien. Y los sabios enseñaron: «Al que juzga a su compañero favorablemente se lo juzgará a él favorablemente». O sea, se aplica la regla: medida por medida.

Para comprender mejor este principio y la actitud de rabí Akiva, observemos un episodio de su vida narrado en el Talmud: ocurrió un suceso con un hombre que descendió de la Alta Galilea para buscar empleo y fue contratado por el propietario de un campo en el sur.

El acuerdo laboral fue por tres años. Cuando se cumplió el tiempo pactado, en la víspera del Día del Perdón, el empleado le dijo al patrón:

—Dame mi paga, así me marcharé y sustentaré a mi esposa e hijos.

El empleador le dijo:

—No tengo dinero.

El empleado le dijo:

—Dame frutas.

El empleador le dijo:

—No tengo.

El empleado le dijo:

—Dame tierras.

El empleador le dijo:

—No tengo.

El empleado le dijo:

—Dame animales.

El empleador le dijo:

—No tengo.

El empleado le dijo:

—Dame cobertores y almohadas.

El empleador le dijo:

—No tengo.

El empleado echó sus pertenencias sobre su hombro, hacia atrás, y se dirigió a su casa angustiado.

Una grata sorpresa

Después de pasada la festividad de Sucot, que es la Fiesta de las Cabañas, el empleador tomó la paga que le correspondía al empleado que había trabajado para él fielmente durante tres años. También tomó con él tres burros cargados, uno con alimentos, otro con bebidas y el tercero con deleites. Y emprendió la marcha hacia la Alta Galilea, donde vivía su empleado.

Cuando llegó, comieron y bebieron; y después, le otorgó la paga que le adeudaba.

El propietario, no obstante, le preguntó al empleado:

—Cuando me solicitaste: «Dame mi paga, así me marcharé y sustentaré a mi esposa y mis hijos», y yo te dije: «No tengo dinero!», ¿qué sospechaste de mí?

El empleado respondió:

—Pensé que se te presentó una oportunidad única, la posibilidad de adquirir una mercancía a un muy bajo precio, y supuse que la adquiriste con ese dinero.

El propietario del campo insistió:

—Y cuándo me solicitaste que te diera animales, y te dije que no tenía, ¿qué sospechaste de mí?

El empleado respondió:

—Pensé que los habías concedido en alquiler a otras personas.

El propietario del campo le preguntó:

—Y cuándo me solicitaste que te diera tierras y te dije que no tenía, ¿qué sospechaste de mí?

El empleado respondió:

—Pensé que las habías concedido en arriendo.

El propietario del campo volvió a preguntar y dijo:

—Y cuando me solicitaste que te diera frutas y te dije que no tenía, ¿qué sospechaste de mí?

El empleado respondió:

—Pensé que estaban sin diezmar.

El propietario del campo insistió y preguntó:

—Y cuándo me solicitaste que te diera cobertores y almohadas, y te dije que no tenía, ¿qué sospechaste de mí?

El empleado respondió:

—Pensé que habías consagrado todos tus bienes al Cielo, donando todas tus posesiones al Santuario.

El propietario del campo dijo:

—¡Juro que fue así! Ocurrió que hice un voto de donar todos mis bienes por mi hijo Urkanus, que no quiere ocuparse de la Torá. Y cuando fui a mis compañeros del sur, que son grandes sabios, ellos me destrabaron la promesa e hicieron que todos mis bienes regresaran a mí.

Además, agregó:

—¡Y tú, así como me has juzgado favorablemente, que el Omnipresente te juzgue a ti favorablemente! (Talmud, tratado de Shabat 127b).

En la exégesis denominada Yafé Einaim se menciona que el empleador era rabí Eliezer, cuyo hijo era Urkanus, del cual nació rabí Eliezer ben Urkanus, quien se convirtió en un renombrado erudito talmúdico. Y el empleado era quien posteriormente se convirtió en el gran sabio rabí Akiva.

La clave de la creación

Vemos que rabí Akiva tenía una mentalidad positiva, y controlaba sus impulsos y sus pensamientos, ya que no es fácil para un empleado, después de trabajar durante tanto tiempo, que le digan que no le van a pagar; y él mismo veía que en el campo de su empleador había dinero, tierra, animales, frutas, cobertores y almohadas. Y, sin embargo, le dijo que no tenía nada de eso. Pero él pensó positivamente, encauzando todo para bien, tal como fue dicho. Y esa virtud, de juzgar favorablemente, con misericordia, sigue a la esencia misma de la creación, ya que el Creador, cuando creó el mundo, consideró crearlo con la medida del juicio, es decir, que quién comete una falta sea castigado inmediatamente. O sea, que la ley sea estricta y su cumplimiento inobjetable. Pero vio que en esas condiciones el mundo no podría mantenerse, y el hombre no iba a poder soportar el rigor de la ley, por lo tanto, el Creador mezcló misericordia con la medida del rigor, y con esa mezcla creó el mundo, tal como mencionó el exégeta Rashi al comienzo del Pentateuco. Y esto está indicado en los versículos. Como está escrito: «En el comienzo creó Dios –Elokim– a los Cielos y a la Tierra» (Génesis 1:1). Y más adelante está escrito: «Éstas son las crónicas de los Cielos y la Tierra cuando fueron creados, el día que El Eterno Dios –Elokim– hizo Tierra y Cielos» (Génesis 2:4).

El nombre de Dios, Elokim, indica rigor y juicio, tal como han explicado los sabios (véase *Numerología y cábala*, pág. 228). Y el nombre El Eterno, el Tetragrama, indica misericordia. Por lo tanto, el segundo versículo mencionado explica al primero y revela la fórmula de la Creación.

Y esa fórmula, de mezclar la misericordia con el rigor para endulzarlo, y actuar misericordiosamente es esencial para conseguir el objetivo de resguardar el honor del prójimo, no haciéndolo sufrir, y atraer la energía suprema de la misericordia y la bondad, medida por medida. Y así como rabí Akiva fue respondido precisamente por actuar de ese modo, nosotros podemos aprender de su actitud y aplicarla para liberarnos de los flagelos y las dificultades.

Porque si uno actúa con misericordia, va a ser considerado con sus semejantes, y no los hará sufrir. Y como vimos, hacer sufrir al prójimo es algo que atrae una energía muy severa y rigurosa. Pero actuando misericordiosamente la energía que se atrae es de misericordia.

La esencia de la conducta sublime

Debido a la importancia de considerar al prójimo y resguardar su honor, observaremos a continuación lo que consta en los Escritos sagrados y lo que los sabios han enseñado acerca de este tema.

Está escrito: «Cuando realices una venta a tu prójimo o hagas una adquisición de la mano de tu prójimo, no afligirá un hombre a su hermano» (Levítico 25:14). Y a continuación está escrito: «Y no afligirá un hombre a su prójimo, y temerás a tu Dios; pues Yo soy El Eterno, vuestro Dios» (Levítico 25:17).

Al observar estos dos versículos, surge la pregunta: ¿por qué se repite dos veces lo mismo? ¿Acaso no era suficiente con decir que no hay que afligir al prójimo una sola vez? ¿Qué significa esta redundancia?

La respuesta es ésta: así como existe una ley de la Torá que penaliza la aflicción a través de dinero –por ejemplo, estafa comercial–, del mismo modo existe una ley que penaliza la aflicción por otros asuntos. Por tal razón, una persona no le debe preguntar a otra cuánto solicita por ese objeto cuando no es su intención adquirirlo –ya que lo hará ilusionar vanamente al ser que no desea comprar; y esa actitud es considerada una aflicción al prójimo–. Si se trataba de un individuo que había sido pecador en el pasado, pero se corrigió, no se le puede decir: «Recuerda tus actos pasados». Si era hijo de prosélitos, no se le debe decir: «Recuerda lo que hacían tus padres», como está dicho: «No oprimiréis ni afligiréis al prosélito –*guer*–, pues extranjeros –*guerim*– fuisteis en la tierra de Egipto» (Éxodo 22:20) (Mishná, tratado de Babá Metzía 4:10).

Aflicciones prohibidas

En el Talmud se amplía lo enunciado en la Mishná: considérese que está escrito: «Y no afligirá un hombre a su prójimo, y temerás a tu Dios; pues Yo soy El Eterno, vuestro Dios» (Levítico 25:17). ¿A qué se refiere esta cita, a una aflicción por cuestiones diversas o a una aflicción por dinero?

Para comprenderlo, observad esta otra cita: «Cuando realices una venta a tu prójimo o hagas una adquisición de la mano de tu prójimo, no afligirá un hombre a su hermano» (Levítico 25:14). Se aprecia claramente que se refiere a aflicción por asuntos de dinero. Siendo así, ¿para qué fue escrito: «Y no afligirá un hombre a su prójimo y temerás a tu Dios»? Debemos decir que se refiere a aflicción por otros asuntos que no son por dinero. ¿Y en qué consisten estos otros asuntos?

La respuesta es ésta: si se trataba de un individuo que fue pecador en el pasado, pero se corrigió, no se le debe decir:

—Recuerda tus actos pasados.

Si era hijo de prosélitos, no se le debe decir:

—Recuerda lo que hacían tus padres.

Si era prosélito, no se le debe decir:

—¿La boca que en el pasado comía todo tipo de alimentos prohibidos por la Torá, como animales que no fueron degollados ritualmente y otras especies impuras, ahora pretende estudiar las palabras de la Torá que fueron dichas por El Eterno?

Si era flagelado por enfermedades u otros sufrimientos, o le fallecieron sus hijos, no debe actuarse con esa persona tal como los compañeros de Job hicieron con él, ya que ellos, al contemplar a Job inmerso en aflicciones, le dijeron:

—«¿No es tu temor a Dios tu confianza? ¿No es tu esperanza la integridad de tus caminos? Considera: ¿quién se perdió estando limpio?» (Job 4:6-7).

Es decir, le sugirieron que si se hallaba inmerso en aflicciones, se debía a supuestas faltas cometidas por él en el pasado; por eso, ahora debía soportar esos flagelos que le habían sobrevenido, los cuáles seguramente eran un castigo por lo que había hecho.

Si se le acercaron pastores para preguntarle dónde venden alimento para el ganado, no se les debe decir:

—Ve a lo de Zutano, que vende alimento para el ganado.

Y esa persona que dijo eso sabía que Zutano jamás vendió alimento para ganado.

La ilusión del vendedor

Rabí Yehuda enseñó: Tampoco la persona debe poner sus ojos sobre la mercancía cuando no tiene dinero para comprar.

La razón es porque hará ilusionar al vendedor vanamente. Es decir, se trata de un asunto que se encuentra oculto en el corazón, ya que nadie más que él conoce su intención. Y respecto a todo lo que estuviese oculto en el corazón, fue dicho: «Y temerás a tu Dios» (Levítico 25:17). Pues Dios escudriña los corazones y sabe cuál es la verdadera intención de las personas.

Aflicciones que afectan a la salud

Rabí Yojanán enseñó en el nombre de rabí Shimon, el hijo de Yojai: afligir a una persona por otros asuntos es más grave que afligirla por cuestiones de dinero, pues en lo referente a otros asuntos fue dicho: «Y temerás a tu Dios», mientras que en lo concerniente a las aflicciones por dinero no fue dicha tal expresión.

En relación con lo mencionado, Rabí dijo: Las aflicciones comerciales afectan al dinero de la persona, pero las aflicciones por otros asuntos afectan a su salud.

Rabí Shmúel, el hijo de Najmaní, dijo: El dinero obtenido mediante una aflicción comercial es posible devolverlo, pero el daño causado por aflicciones de otro tipo no es posible devolverlo a su estado original y repararlo.

La relación de la pareja

Un caso común de aflicción por otras razones que no incluyen al dinero lo hallamos en la relación matrimonial entre un hombre y su mujer. Tal como enseñó Rav, el hombre debe ser sumamente cuidadoso en no afligir a su mujer, pues ella tiene tendencia a derramar lágrimas, lo cual está ligado al sufrimiento infligido, aunque fuese leve. Y El Santo, Bendito Sea, atiende de manera especial las lágrimas derramadas.

El portal de las lágrimas

Considerad esto que fue enseñado por rabí Eleazar: desde que el Templo Sagrado fue destruido, han sido cerrados los portales de las plegarias, como está escrito: «Aun cuando clamé y di voces, estaba cerrado ante mi plegaria» (Lamentaciones 3:8). Sin embargo, aunque los portales de las plegarias están cerrados, los portales de las lágrimas permanecen abiertos, como está escrito: «El Eterno oye mi plegaria y escucha mi clamor; no calles ante mis lágrimas» (Salmos 39:13).

El portal de las aflicciones

Rav Jisda enseñó: Todos los portales están cerrados, con excepción del portal de las aflicciones, como está escrito: «He aquí que El Eterno estaba sobre el muro hecho a plomo –*inej*–, y en su mano la plomada –*inej*–» (Amós 7:7). La expresión *inej*, además de «hacer a plomo», significa «aflicción». Ambos conceptos comparten la misma raíz. Por lo tanto, se puede leer: «He aquí que El Eterno estaba sobre el muro de la aflicción, y en su mano, la aflicción».

La cobranza directa

Esta interpretación del versículo origina importantes enseñanzas. Rabí Eleazar dijo: Todo se cobra a través de un ángel designado, con excepción de las aflicciones causadas, las cuales son cobradas por El Eterno mismo, como está escrito: «Y en Su mano, la aflicción».

Tres asuntos sin velo

Rabí Abahu dijo: Existen tres cosas ante las que el velo que separa la parte más sagrada de los Cielos, denominado Pargod, no se cierra. Las mismas son: las aflicciones, el robo y la idolatría. Las aflicciones, como está escrito: «Y en su mano la aflicción». El robo, como está escrito: «El despojo y el robo se oyen en ella, continuamente en Mi presencia» (Jeremías 6:7). La idolatría, como está escrito: «Pueblo que ante Mi presencia me provoca continuamente a ira; ofrendando en huertos, y sahumando incienso sobre adobes» (Isaías 65:3).

La bendición de la mujer

Rabí Jelvo enseñó: El hombre debe ser siempre cuidadoso con el honor de su mujer, porque la bendición no se encuentra en el hogar sino por causa de su mujer, como está escrito: «Y benefició a Abram por ella» (Génesis 12:16). Ésta es la razón por la que Raba dijo a los moradores de Mejoza:

—Si queréis enriqueceros, honrad a vuestras mujeres.

Resulta, pues, que la aparente redundancia advertida en los dos versículos que prohíben afligir al prójimo quedó esclarecida. La declaración: «Cuando realices una venta a tu prójimo o hagas una adquisición de la mano de tu prójimo, no afligirá un hombre a su hermano» (Levítico 25:14) se refiere a aflicciones de dinero. Y la declaración: «Y no afligirá un hombre a su prójimo, y temerás a tu Dios; pues Yo soy El Eterno, vuestro Dios» (Levítico 25:17) se refiere a las demás aflicciones.

La instrucción salvadora

Estas enseñanzas que fueron impartidas por los sabios son esenciales para entender qué no se debe hacer al prójimo para recibir de lo Alto la bendición, y la energía de la bondad y la misericordia, para liberarse de los flagelos y las dificultades en la era de los talones.

X

Las leyes del honor y la compasión

En los capítulos anteriores hemos visto varias enseñanzas que nos revelan lo que no debe hacerse al prójimo para recibir la abundancia suprema y liberarse de los flagelos. Y en este capítulo observaremos una enseñanza que consta en el libro *Sefer Hajinuj*, y que nos va a ampliar el asunto para poder interiorizarnos aún más en el mismo y tener más herramientas para salir airosos en esta época tan difícil que estamos viviendo, la era de los talones.

La raíz del precepto

Este precepto fue otorgado para que haya paz entre las creaciones de Dios. Y la paz es tan grande que, a través de ésta, la bendición se encuentra en el mundo. Y las discusiones son muy duras, ya que cuántas maldiciones y cuántos tropiezos dependen de las mismas.

Las leyes del precepto

Los sabios han mencionado numerosas advertencias, y han indicado que hay que actuar con mucha diligencia en este asunto, a tal punto que nos han advertido que no hay que hacer doler a los seres creados por Dios de ninguna manera, y tampoco avergonzarlos. Y fueron a tal extremo que dijeron que no se debe poner la mirada en la mercancía cuando no se tiene dinero para comprar.

Y es apropiado ser cuidadoso a tal punto que incluso a través de una insinuación en sus palabras no se oiga un desprecio a las personas. Porque la Torá fue muy rigurosa con respecto a hacer sufrir de cualquier modo, ya que es algo extremadamente duro para el corazón de las personas. Y muchas personas son rigurosas en esto más que en el dinero, tal como enseñaron los sabios de bendita memoria: «Hacer sufrir a las personas con palabras es más grave que hacerlas sufrir con dinero [...]» (Talmud, tratado de Baba Metzia 58b).

Y no es posible escribir cada detalle de los asuntos en los cuales hay sufrimiento para las personas, pero cada uno debe ser cuidadoso según su observación, porque El Santo, Bendito Sea, conoce todos los pasos y todas las insinuaciones. Porque la persona ve lo que observa con los ojos y Él ve los corazones.

Este precepto rige en todo lugar y en todo tiempo tanto para los varones como para las mujeres. E incluso a los niños pequeños es propicio ser cuidadosos en no afligirlos con palabras más de lo necesario, sólo lo que necesitan indispensablemente para que tomen lección. E incluso hay que obrar así con los propios hijos e hijas. Y quién es indulgente con ellos, en no afligirlos con estos asuntos, hallará vida, bendición y honor.

Y quién transgrede esto y aflige a su prójimo con palabras, tal como explicaron los sabios, de bendita memoria, respecto a una persona que se rectificó, o un enfermo etc., transgrede este precepto. Y aunque no se le aplica un castigo –a través de un tribunal terrenal–, porque no hay en ese asunto ninguna acción, sin embargo, cuántos palos sin correa de becerro hay en manos del Amo del universo, que ha ordenado acerca de esto (Sefer Hajinuj 338).

XI

La base de la Torá

En el comienzo de esta obra, mencionamos tres pilares sobre los cuales el mundo se sostiene, siendo uno de ellos las obras de bondad. Y citamos enseñanzas de los sabios que manifiestan que hacer obras de bondad consiste en hacer el bien al prójimo, y después explicamos que hay otro factor determinante dentro de las obras de bondad, y es lo que no se debe hacer al prójimo. O sea, aquello de lo que uno debe abstenerse de hacerle a su prójimo para atraer toda la abundancia celestial y los beneficios supremos.

También vimos que ésa es la esencia del mundo, ya que El Eterno creó el mundo con misericordia sobre el rigor del juicio para que ese rigor esté endulzado. Y este fundamento es tan importante que fue considerado como la totalidad de la Torá, como enseñó el sabio Hilel: «No hagas a tu prójimo lo que aborreces que te hicieran a ti; ésa es toda la Torá, lo demás son explicaciones de eso» (Talmud, tratado de Shabat 31a).

Asimismo, fue enseñado: El objetivo de la creación de la persona es que complete su alma a través de su cuerpo en tres cosas:

El aspecto cognitivo, reuniendo sabidurías, que es ésa una obligación con sí mismo.

La observancia de los preceptos, que es una obligación con El Santo, Bendito Sea, escuchando su voz y sus enseñanzas de la Torá, aunque a veces no comprenda las razones de sus palabras.

Y la cualidad de la bondad y la generosidad, que es una obligación con su prójimo.

Y a todos estos asuntos los incluyó el sabio de la Mishná en sus palabras. La Torá, o sea los conocimientos cognitivos, porque la misma está a la cabeza de todas las sabidurías y todas están incluidas en ella. Y el servicio es el servicio a El Eterno, cumpliendo sus preceptos. Y las obras de bondad son la obligación con el prójimo, y con más razón en no hacerle mal. Y quién es cuidadoso en estos tres asuntos será encumbrado y enaltecido en este mundo y en el Mundo Venidero (Tiferet Israel a Mishná, tratado de Avot 1:2).

Observamos que se dijo: «Y las obras de bondad son la obligación con el prójimo, y con más razón en no hacerle mal». O sea, todo lo que vimos previamente asociado a: «Y amarás a tu prójimo como a ti mismo» (Levítico 19:18), es decir, todas las cosas que quieres que otros te hagan a ti, hazlas a tu prójimo, debe saberse que con más razón no hay que hacerle mal, o sea: «No hagas a tu prójimo lo que aborreces que te hicieran a ti; ésa es toda la Torá, lo demás son explicaciones de eso».

Vemos que el cuidar el honor del prójimo no haciendo lo que le molesta, tal como a uno le molesta que le hicieran eso, es la base de toda la Torá, y por ende, el fundamento de nuestra felicidad y paz.

Por eso, es importante conocer en profundidad esta clave esencial que nos fue otorgada, para poder ponerla en práctica y atraer toda esa energía suprema que está preparada para todas aquellas personas que son cuidadosas con el honor del prójimo y su integridad física y emocional.

XI

La introspección salvadora

Lo aprendido hasta aquí nos abre las puertas para entender cuáles pueden ser las razones de los sufrimientos y los flagelos cuando sobrevienen. Porque una persona puede decir o pensar: «Yo soy una buena persona, obedezco a El Eterno, y hago mucha bondad y caridad. No entiendo por qué este sufrimiento y esta aflicción que padezco».

Pero con lo que hemos mencionado, hay una herramienta muy poderosa para hacer una introspección y tratar de saber cuál puede ser la causa que impide el flujo de la energía suprema.

Análisis de conducta

Una persona puede estar haciendo todo bien, pero cuando conduce su coche, se molesta por otros vehículos que se detienen o no avanzan cuando cambia la luz del semáforo, y hace sonar su bocina para que se muevan y avancen. Esa persona está observando su problema, pero no está considerando a los peatones que están caminando por la acera. Es posible que les moleste el ruido de esa bocina.

También es posible que una persona organizó una fiesta en su casa, y se quedan hasta después de la medianoche y mueven las sillas arrastrándolas. Y no consideran que en el nivel de abajo hay otras personas que viven allí y están durmiendo. Y es posible que se despierten por ese ruido o no puedan conciliar el sueño.

O es posible que una persona vuelva de una fiesta en mitad de la noche y no tiene la llave para entrar a su casa, por eso llama por su teléfono móvil a otro miembro de la familia que está en el apartamento para que le abra la puerta. Y no considera que está hablando junto a la ventana de un apartamento donde viven personas que posiblemente están durmiendo, y es posible que al escuchar esas voces se despierten.

Y cómo éstas, hay muchas otras cosas que se podrían enumerar. Por eso, es importante ser considerado siempre, teniendo en cuenta al prójimo en todo momento para evitarle todo tipo de fastidios o sufrimientos. Porque tal como una actúa, en lo Alto actuarán con uno, medida por medida, tal como enseñaron los sabios. Y se necesita mucha ayuda de lo Alto para liberarse de todos los flagelos y aflicciones de esta época tan dura que nos toca vivir, la era de los talones.

El modelo ancestral

Como éste es un asunto tan importante y nos puede beneficiar tanto, vamos a citar una enseñanza bíblica extraordinaria que nos mostrará cómo el receptor de la Torá, Moisés, era muy considerado hasta en el aspecto emocional. Y nosotros tenemos la posibilidad de observar su consideración para aprender de él e imitarlo con nuestros semejantes para atraer la energía suprema que nos permita vivir en este mundo felices y contentos, protegidos del sufrimiento y las aflicciones.

La revelación de Dios a Moisés

Observad este hecho increíble. Está escrito: «Moisés estaba apacentando las ovejas de su suegro Ytró, el sacerdote de Midián; él condujo a las ovejas detrás del desierto y llegó a Jorev, la Montaña de Dios. Y se le apareció el ángel de El Eterno en una llama de fuego en medio de la zarza; y él observó, y he aquí que la zarza ardía en fuego y la zarza no se quemaba. Y dijo Moisés:

—Me apartaré ahora y observaré esta gran visión, por qué no se quema la zarza.

El Eterno vio que se había apartado para observar; y lo llamó Dios del interior de la zarza, y dijo:

—¡Moisés, Moisés!

Y él dijo:

—¡Heme aquí!

Y dijo:

—¡No te acerques! Quita tu calzado de tus pies, porque el lugar en que tú estás, es tierra santa. –Y dijo–: Yo soy el Dios de tu padre, el Dios de Abraham, el Dios de Isaac y el Dios de Jacob.

Y Moisés ocultó su rostro, pues temió contemplar hacia Dios. El Eterno dijo:

—Ciertamente he visto la aflicción de mi pueblo que está en Egipto y he oído su clamor a causa de sus supervisores, pues he sabido de sus angustias. Y descenderé para salvarlo de la mano de Egipto y hacerlo ascender de esa tierra a una tierra buena y amplia, a tierra que fluye leche y miel, al lugar del cananeo, el jeteo, el amorreo, el ferizeo, el jiveo y el yebuseo. Y ahora, he aquí que el clamor de los hijos de Israel ha llegado delante de Mí, y también he visto la opresión con que los egipcios los oprimen. Y ahora, por tanto, ven, y te enviaré al Faraón para que saques de Egipto a mi pueblo, los hijos de Israel.

Moisés dijo a Dios:

—¿Quién soy yo para que vaya al Faraón y saque de Egipto a los hijos de Israel?» (Éxodo 3:1-11).

Moisés en África

Esta actitud de Moisés sorprende sobremanera, porque tal como fue enseñado, cuando Moisés huyó de Egipto porque el faraón lo quería matar, antes de ir a Midián fue a una región africana denominada Kush. Allí se unió al rey Kikanos, que estaba sitiando su propia ciudad que le había sido usurpada, y estuvo junto a esas tropas durante nueve años, tras los cuales el rey Kikanos murió. Y Moisés fue designado para reemplazarlo y él aceptó, como consta en el Midrash: Sucedió al cabo de esos nueve años que el rey contrajo una grave enfermedad de la cual no pudo reponerse. Falleció al día séptimo, y fue embalsamado por sus siervos. Posteriormente lo transportaron hacia el frente del portón de la ciudad que estaba en dirección a Egipto.

Construyeron sobre su tumba un monumento muy bello y alto. Sobre el mismo dispusieron grandes piedras en las cuales los escribas del monarca grabaron un texto que narraba la fortaleza de su rey y todas las guerras que disputó.

Después del fallecimiento de Kikanos, los hombres que habían participado en el proceso de sitiado a la ciudad estaban agotados. Por eso, decidieron examinar la situación para resolver qué hacer, pues ya habían transcurrido nueve años desde que abandonaron sus hogares para servir al rey en esta guerra.

Además, consideraron la posibilidad de que los reyes de Aram y oriente cayeran repentinamente sobre ellos al enterarse de la muerte de su monarca Kikanos. Por todas estas razones, decidieron nombrar un nuevo rey sobre ellos, y no hallaron a alguien mejor que Moisés, por eso, él fue el elegido. Entonces cada uno se quitó su capa, y la arrojó al suelo. Dispusieron una tarima e hicieron sentar a Moisés sobre la misma. Se levantaron, hicieron sonar el cuerno y clamaron delante de él: «¡Viva el rey, viva el rey!» (Sefer Haiashar, y véase Yeonatan ben Uziel).

Si para ser el rey de un imperio africano Moisés aceptó inmediatamente, ¿por qué ahora, cuando era convocado por El Creador del mundo, pone pretextos y no acepta inmediatamente? ¡Es algo que sorprende!

La convocación de Moisés

Aunque Moisés no aceptó, El Eterno insistió para convencerlo de que aceptara la convocación y fuese a liberar a los hijos de Israel, como está escrito: «Y dijo:

—Porque Yo estaré contigo; y esto te será por señal de que Yo te he enviado: "Cuando saques de Egipto al pueblo, servirán a Dios sobre esta Montaña"» (Éxodo 3:12).

E increíblemente Moisés volvió a poner excusas y no aceptó, como está escrito:

«Moisés le dijo a Dios:

—He aquí que si yo voy a los hijos de Israel y les digo: "El Dios de vuestros ascendientes me ha enviado a vosotros", y ellos me dicen: "¿Cuál es Su Nombre?", ¿qué les diré?» (Éxodo 3:13).

Entonces El Eterno se dirigió nuevamente a Moisés y lo volvió a convocar, dándole nuevos argumentos para que aceptara, y revelándole secretos recónditos, como está escrito:

«Dios dijo a Moisés:

—Yo soy quién Yo soy –y dijo–: Así dirás a los hijos de Israel: Yo soy me ha enviado a vosotros.

También Dios le dijo a Moisés:

—Así dirás a los hijos de Israel: El Eterno, el Dios de vuestros padres, el Dios de Abraham, Dios de Isaac y Dios de Jacob, me ha enviado a vosotros; éste es mi Nombre para siempre, y éste es mi Recuerdo, de generación en generación. Ve y reúne a los ancianos de Israel y diles: El Eterno, el Dios de vuestros padres, el Dios de Abraham, de Isaac y de Jacob se me apareció diciendo: Ciertamente os recordaré, y a lo que se os hace en Egipto. Y he dicho: Os ascenderé de la aflicción de Egipto a la tierra del cananeo, del jeteo, del amorreo, del perizeo, del jiveo y del yebuseo, a tierra que mana leche y miel. Y oirán tu voz; e irás tú, y los ancianos de Israel, al rey de Egipto, y le dirán: "El Eterno, el Dios de los hebreos, se ha presentado ante nosotros, y ahora, marcharemos, por favor, por un camino de tres días por el desierto, y ofrendaremos a El Eterno, nuestro Dios". Y Yo sé que el rey de Egipto no os dejará marchar, y no porque él tenga mano fuerte. Y Yo extenderé Mi mano y heriré a Egipto con todas mis maravillas que realizaré en medio de él, y entonces os enviará. Y daré a este pueblo gracia en los ojos de los egipcios para que cuando os marchéis, no os vayáis vacíos. Y solicitará cada mujer a su vecina, y a la que mora en su casa, alhajas de plata, alhajas de oro y vestimentas, que pondréis sobre vuestros hijos y vuestras hijas; y vaciaréis a Egipto» (Éxodo 3:14-22).

Pero tampoco esta vez Moisés aceptó, poniendo nuevas excusas, como está escrito: «Moisés respondió y dijo:

—He aquí que ellos no me creerán ni oirán mi voz; porque dirán: "No te ha aparecido El Eterno"» (Éxodo 4:1).

La cuarta llamada de Dios

Aun así, El Eterno volvió a hablar con Moisés, y le entregó secretos de prodigios que él podía hacer para demostrar que El Eterno lo había enviado, como está escrito: «El Eterno le dijo:

—¿Qué es esto que tienes en tu mano?

Y él dijo:

—Una vara.

Él dijo:

—Lánzala a tierra.

Y él la lanzó a tierra y se convirtió en culebra, y Moisés huyó de ella. El Eterno le dijo a Moisés:

—Extiende tu mano y aférrala por su cola.

Y extendió su mano, y la aferró, y se convirtió en vara en su palma. Para que crean que se te ha aparecido El Eterno, el Dios de los padres de ellos, el Dios de Abraham, el Dios de Isaac y el Dios de Jacob. Le dijo además El Eterno:

—Pon tu mano en tu pecho.

Y él puso su mano en su pecho; y cuando la sacó, he aquí que su mano estaba leprosa como la nieve. Y dijo:

—Vuelve a poner tu mano en tu pecho.

Y él volvió a poner su mano en su pecho; y cuando la sacó de su pecho, he aquí que se volvió como su carne.

Y le dijo:

—Acontecerá que si no te creyeren y no hicieren caso a la voz de la primera señal, creerán a la voz de la señal postrera. Y acontecerá que si no creyeren a estas dos señales y no hicieren caso a tu voz, tomarás de las aguas del río y las derramarás en tierra; y las aguas que tomes del río se convertirán en sangre cuando estén en la tierra» (Éxodo 4:2-9).

Moisés dijo a El Eterno:

—Te ruego, mi Señor, no soy hombre de palabras, ni desde ayer, ni desde el día que precedió a ayer, ni desde que Tú hablas a tu siervo, pues yo soy pesado en el habla y pesado de lengua (Éxodo 4:10).

La revelación suprema

El Eterno le dijo:

—¿Quién dio la boca al hombre? ¿O quién hizo al mudo y al sordo, al hombre que ve y al ciego? ¿Acaso no Yo, El Eterno? Ahora pues, ve, y Yo estaré con tu boca, y te enseñaré lo que has de decir (Éxodo 4:11-12).

Aun así, aunque El Eterno le aseguró todo eso, Moisés volvió a negarse, como está escrito:

«Y dijo:

—Te ruego, mi Señor, envía a través de quién ha de ser enviado» (Éxodo 4:13).

El recurso infalible

Como Moisés no aceptaba de ningún modo, El Eterno utilizó un recurso infalible, como está escrito: «Y El Eterno se enojó contra Moisés, y dijo:

—¿Acaso no está tu hermano Aarón, el levita? Yo sé que él ciertamente hablará; y he aquí que él saldrá a recibirte, y al verte se alegrará en su corazón. Tú hablarás a él y pondrás en su boca las palabras; y Yo estaré en tu boca y en su boca; y os enseñaré lo que habéis de hacer. Y él hablará por ti al pueblo; él te será a ti en lugar de boca, y tú serás su maestro. Y tomarás en tu mano esta vara, con la cual harás las señales.

Moisés fue y regresó a Yeter, su suegro, y le dijo:

—Iré ahora, y volveré a mis hermanos que están en Egipto para ver si aún viven.

E Ytró dijo a Moisés:

—Ve en paz.

El Eterno dijo a Moisés en Midián:

—Ve, vuelve a Egipto, porque han muerto todos los hombres que procuraban tu muerte.

Moisés tomó a su mujer y a sus hijos, y los puso sobre un asno, y volvió a tierra de Egipto; y Moisés tomó también la vara de Dios en su mano. Y El Eterno dijo a Moisés:

—Cuando vayas para volver a Egipto, observa todas las maravillas que he puesto en tu mano y realízalas ante el Faraón; y Yo endureceré su corazón y no enviará al pueblo. Y dirás al Faraón: "Así dijo El Eterno: 'Mi hijo primogénito es Israel'". Y te he dicho: "Envía a Mi hijo para que Me sirva, y si te rehúsas a enviarlo, he aquí que Yo mataré a tu hijo, a tu primogénito» (Éxodo 4:14-18).

El mensaje oculto

¿Por qué razón Moisés se negó cinco veces a aceptar el llamado de El Eterno? ¿Y por qué El Eterno siguió insistiendo tanto con Moisés y no se dirigió a otra persona para ofrecerle la misión? ¿Y por qué la última vez que El Eterno le propuso la misión, Moisés aceptó sin ningún tipo de excusa ni pretexto?

La respuesta es ésta: El Eterno sabía que Moisés era el hombre apropiado para guiar a los hijos de Israel, porque era una persona muy especial, y no había en el mundo otro como él.

¿Y que tenía de especial? Consideración.[1]

Moisés se rehusó aceptar la convocatoria tantas veces por consideración. La raíz de toda la Torá: no hagas a tu prójimo lo que aborreces que te hagan a ti. O sea, no hacerlo sufrir, ser considerado. Porque Moisés no estaba dispuesto a hacer sufrir a Aarón de ningún modo, ya que él sabía que su hermano era el dirigente principal del pueblo, y si ahora iba a asumir él como máximo dirigente, tenía que desplazar a su hermano, y eso podía herirlo emocionalmente. Por eso se negó a aceptar la convocatoria de El Eterno todas las veces que lo hizo.

Y eso quedó registrado en los versículos, como está escrito: «¿Acaso no está tu hermano Aarón, el levita? Yo sé que él ciertamente hablará; y he aquí que él saldrá a recibirte, y al verte se alegrará en su corazón». E inmediatamente a continuación está escrito: «Moisés fue y regresó a

---

1. La consideración está vinculada directamente con la humildad, y Moisés era el hombre más humilde que había sobre la faz de la tierra, como está escrito: «Y el hombre Moshé era muy humilde, más que todo hombre que se encuentra sobre la faz de la tierra» (Números 12:3).

Yeter, su suegro, y le dijo: "Iré ahora, y volveré a mis hermanos que están en Egipto"». Se aprecia que aceptó inmediatamente. ¿Cuál es el misterio que se oculta en este pasaje bíblico?

Moisés ahora sabía que su hermano se alegraría con su llegada y su designación, y no sólo exteriormente, sino en su corazón, como está escrito: «Y al verte se alegrará en su corazón». Entonces fue deprisa a informar a su suegro que se irá a Egipto.

La exégesis reveladora

El exégeta Rashi reveló este dato importante: «Y al verte se alegrará en su corazón»: No como tú piensas, que será riguroso contigo porque tú asciendes a la grandeza. Y de allí (por esa actitud), Aarón mereció los ornamentos del Pectoral que estaban colocados sobre su corazón (Rashi a Éxodo 4:14). Y a esto se refiere lo que está escrito: «Aarón llevará los nombres de los hijos de Israel sobre el Pectoral de Juicio, sobre su corazón, cuando entre al Santuario, como recordatorio permanente ante El Eterno» (Éxodo 28:29).

El gran legado

Vemos que el hombre elegido por el Creador para recibir la Torá se destacaba en esta cualidad de ser considerado con el prójimo. Por eso, tenemos un ejemplo magnífico de un hombre que nos transmitió con su propia vida la manera en que debemos poner en práctica los preceptos de la Torá que él nos entregó después de recibirla de El Eterno.

XII

La enseñanza de Rebeca

En los capítulos anteriores hemos hablado de la cualidad suprema que nos puede salvar de todos los flagelos, problemas, angustias y aflicciones: la consideración. Y como es un asunto tan importante, observaremos otro caso de una persona que se destacó en la consideración, pues nos servirá para aprender más sobre este atributo y aplicar esta cualidad tan importante a nuestras vidas.

La persona de la cual hablaremos es la matriarca Rebeca, y el suceso que narraremos es inédito y enigmático, y despierta muchas preguntas e interrogantes. Pero si en vez de observarlo superficialmente, se lo examina en forma profunda, se abre ante nuestros ojos un caudal de sabiduría y actitud notables, que nos dejan una lección de vida sumamente importante para llevar a la práctica y obtener todos los beneficios que surgen del atributo de ser considerados con las personas.

La estrategia de la bendición

Esto se narra en los versículos acerca de Rebeca: «Aconteció que cuando Isaac envejeció, y sus ojos se oscurecieron, no pudiendo ver, llamó a Esaú, su hijo mayor, y le dijo:

—¡Hijo mío!

Y él le dijo:

—¡Heme aquí!

Y le dijo:

—He aquí que ya he envejecido; no sé el día de mi muerte. Ahora, por favor, toma tus armas, tu aljaba y tu arco, y sal al campo y tráeme caza. Y me harás manjares como a mí me gustan, y me traerás, y comeré, para que mi alma te bendiga antes que muera.

Y Rebeca estaba oyendo cuando Isaac hablaba a su hijo Esaú; y Esaú fue al campo para buscar caza y traer. Y Rebeca habló a Jacob, su hijo, diciendo:

—He aquí que he oído que tu padre hablaba a tu hermano Esaú, diciendo: "Tráeme caza, y me harás manjares, y comeré, y te bendeciré en presencia de El Eterno antes de morir. Y ahora, hijo mío, atiende mi voz, lo que yo te mando. Ve ahora al ganado y tráeme de allí dos buenos cabritos de las cabras, y haré de ellos manjares para tu padre, como a él le gusta. Y los traerás a tu padre, y comerá, para que te bendiga antes de morir".

Y Jacob dijo a Rebeca, su madre:

—He aquí que mi hermano Esaú es hombre peludo y yo hombre lampiño. Tal vez mi padre me palpe, y entonces seré ante sus ojos como un burlador, y traeré sobre mí maldición, y no bendición.

Y su madre le dijo:

—Hijo mío, tu maldición sea sobre mí; sólo atiende mi voz, y ve, y tráemelos.

Y fue, y tomó y trajo a su madre, y su madre hizo manjares como le gustaban a su padre. Y Rebeca tomó las vestimentas preciadas de Esaú, su hijo mayor, que ella tenía en casa, y vistió a Jacob, su hijo menor. Y con las pieles de los cabritos cubrió sus brazos y la lisura de su cuello. Y dio los manjares y el pan que había hecho en mano de su hijo Jacob. Y vino ante su padre, y dijo:

—¡Padre!

Y él dijo:

—¡Heme aquí! ¿Quién eres, hijo mío?

Y Jacob dijo a su padre:

—Soy yo, Esaú, tu primogénito; he hecho como me has dicho; levántate, por favor, siéntate y come de mi caza para que me bendiga tu alma.

Isaac le dijo a su hijo:

—¿Cómo es que la hallaste tan pronto, hijo mío?

Y dijo:

—Pues El Eterno tu Dios dispuso delante de mí.

E Isaac le dijo a Jacob:

—Acércate, por favor, y te palparé, hijo mío, por si eres mi hijo Esaú o no.

Y Jacob se acercó a su padre Isaac, quien lo palpó, y dijo:

—La voz es la voz de Jacob, pero las manos son las manos de Esaú.

Y no lo reconoció, pues sus manos eran peludas como las manos de su hermano Esaú; y lo bendijo. Y dijo:

—¿Eres tú mi hijo Esaú?

Y dijo:

—Yo.

Y dijo:

—Acércamela, y comeré de la caza de mi hijo, para que mi alma te bendiga.

Y le acercó y comió, y le trajo vino y bebió. Y su padre Isaac le dijo:

—Acércate, por favor, y bésame, hijo mío.

Y se acercó, y lo besó; e Isaac olió el aroma de sus vestimentas, y lo bendijo, diciendo:

—Mira, el aroma de mi hijo es como el aroma del campo que El Eterno ha bendecido. Y que Dios te dé del rocío de los Cielos y de lo selecto de la tierra, y abundancia de cereal y de mosto. Te sirvan pueblos, y naciones se inclinen ante ti; sé señor de tus hermanos y se inclinen ante ti los hijos de tu madre; maldito el que te maldijere, y bendito el que te bendijere» (Génesis 27:1-29).

La sorprendente actitud de Rebeca

¿Por qué Rebeca actuó de ese modo? Ya que si estaba en desacuerdo con que su marido le entregara las bendiciones a Esaú, porque sabía que ese hijo suyo no era apropiado para recibirlas, sino su otro hijo Jacob, ¿por qué no fue a hablar con su marido y explicarle eso personalmente? ¿Por qué actuó de modo tortuoso, disfrazando a su hijo Jacob y haciéndole entrar ante su padre con engaño para tomar las bendiciones de un modo poco recto?

Le respuesta es ésta: por consideración.

Sí, aunque en forma aparente parezca extraño, Rebeca actuó de ese modo tortuoso por consideración con su esposo Isaac. Y lo podremos apreciar claramente observando otra cita bíblica reveladora que lo deja en manifiesto. Está escrito: «Y éstas son las crónicas de Isaac, hijo de Abraham; Abraham hizo nacer a Isaac. E Isaac era de cuarenta años cuando tomó para él por mujer a Rebeca, hija de Betuel, el arameo, de Padán Aram, hermana de Labán el arameo. E Isaac imploró ante El Eterno frente a su mujer, pues ella era estéril; y El Eterno aceptó su plegaria y su mujer Rebeca concibió. Y los hijos reñían en sus entrañas y ella dijo:

—Siendo así, ¿por qué me ocurre esto?

La consulta a El Eterno

Y fue a consultar a El Eterno. Y El Eterno le dijo:

—Hay dos naciones en tu vientre, y dos pueblos se separarán de tus entrañas; y un pueblo prevalecerá sobre el otro, y el mayor servirá al menor.

Y se completaron sus días para dar a luz, y he aquí que había mellizos en su vientre. Y salió el primero, colorado, como un manto peludo; y lo llamaron Esaú. Y después de eso salió su hermano, y su mano estaba aferrada al talón de Esaú; y llamó su nombre Jacob; e Isaac era de sesenta años cuando ella los dio a luz» (Génesis 25:19:26).

Se observa que Rebeca fue a consultar a El Eterno. Y El Eterno le dijo que el menor servirá al mayor. O sea, era una profecía Divina.

Se desprende de aquí que Rebeca nunca le reveló a Isaac la profecía, pues ¿cómo es posible que Isaac pretendiera transgredir la palabra de El Eterno y que no prosperara?

¿Y por qué actuó así? Najmánides mencionó dos posibilidades: es posible que, al principio, ella no le dijera a su marido que fue a consultar al El Eterno por ética y moral, y por recato, por haber ido sin consultarle a él. O porque ella dijo: «Yo no debo decirle una profecía al profeta, porque él (Isaac) es (un profeta) más grande que el que me lo dijo» (Najmánides a Génesis 27:4).

Yonatan ben Uziel, en la traducción al arameo del versículo que declara que ella fue a consultar a El Eterno, aclaró que fue a la academia de Shem. Y también el exégeta Rashi escribió eso en su explicación al versículo.

Y esto está aludido en el versículo, ya que ¿por qué fue a consultar a El Eterno? Podía haberle consultado en el lugar donde estaba, ya que toda la tierra está llena con su Gloria (Siftei Jajamim).

Resulta, pues, de la explicación de Najmánides, que ella actuó de ese modo por consideración. Ya que ¿cómo iba a decirle que fue a consultar a otro profeta cuando en su casa había un profeta tan grande como era su marido? Por eso hizo todo lo que hizo, para no herirlo emocionalmente, para resguardar su honor.

El primer encuentro

Y si revisamos los versículos, observaremos la estima y el respeto que tenía Rebeca por Isaac desde el momento mismo en que lo vio por primera vez, como está escrito: «Isaac salió a orar en el campo hacia el atardecer, y alzó sus ojos, y vio, y he aquí que venían camellos. Y Rebeca alzó sus ojos, y vio a Isaac, y se cayó del camello» (Génesis 24:63-64).

Se deduce de esa cita que Rebeca se desmayó cuando lo vio por primera vez, y desde entonces siempre lo trató con el mismo respeto, y la misma estima, y los mismos honores. Tenemos aquí otro ejemplo de consideración.

XV

La consideración universal

Ya sabemos qué debemos hacer para atraer la energía suprema y liberarnos de los flagelos: ser considerados con los demás. Y tal como enseñaron los sabios, es posible que una sola obra desequilibre la balanza y le abra el camino (véase Talmud, tratado de Kidushin 40).

Por lo tanto, uno puede estar en medio de una reunión, y siente que necesita abrir la ventana porque tiene calor. Pero en vez de acercarse a la ventana y abrirla para que entre aire refrescante, es considerado con las demás personas, y pregunta: «¿A alguien le molesta si abro la ventana?». Y puede ser que alguien diga: «¡No! Es invierno, tengo frío». O es posible que estén todos de acuerdo. Y en caso de que alguien no lo esté, se puede dialogar y negociar pacíficamente. Pero esa persona fue considerada al preguntar. Y es posible que ese acto de consideración desnivele la balanza que mide los méritos y las faltas, y atraiga a través de ese acto a la energía suprema.

La ley de la consideración

Todo acto de consideración es sumamente importante. Y tal como enseñó el sabio Hilel, toda la Torá es no hagas a tu prójimo lo que aborreces que te hagan a ti, y lo demás son explicaciones. O sea, todos los preceptos de la Torá están vinculados con la consideración. Y vamos a ver ejemplos que nos lo ilustren.

Está escrito: «Cuando tu hermano empobreciere y extendiere a ti su mano, lo ayudarás, tanto al forastero como al residente, y vivirá contigo» (Levítico 25:35).

El versículo revela que no se debe dejar caer al prójimo a tal punto que le sea difícil levantarse. O sea, se debe ayudarlo en el momento en que él tiende su mano.

Es decir, no hay que aguardar hasta que nuestro prójimo caiga a tal punto que necesite ir a golpear a las puertas de las casas para pedir limosna. Es menester ayudarlo antes de que eso suceda.

Se aprecia que hay que ser bondadosos y, además, considerados.

Preceptos de afecto

Y esto no sólo es así con los preceptos que indican en forma revelada ser bondadosos y considerados, porque hay otros que, viéndolos desde un punto de vista muy superficial, no tienen mucho vínculo con la bondad y la consideración, pero observando en forma más profunda, se aprecia que todos los preceptos están vinculados con la bondad y la consideración.

El precepto de las mixturas

Veamos un ejemplo. Está escrito: «No sembrarás tu campo con mixturas» (Levítico 19:19).

¿Por qué razón no se pueden sembrar mixturas? La respuesta es ésta: porque no todas las especies echan la misma raíz ni poseen la misma capacidad de expansión y desarrollo. Hay tipos de plantas que absorben más nutriente e impiden a otras especies nutrirse proporcionalmente y desarrollarse. Pero una misma especie posee fuerzas similares, y las plantas pueden crecer juntas sin perjudicarse una a la otra. Se trata de una gran bondad, respetar las posibilidades y capacidad de cada especie.

Por eso, hay un tratado de la Mishná que explica en forma detallada las distancias que deben dejarse entre especie y especie según la capacidad de absorción de sus raíces. Y también se abordan muchos otros factores relevantes relacionados con este asunto, como así los detalles de este precepto. Ese tratado se llama Kilaim, que significa mixturas.

Las hebras combinadas

Otro precepto que hallamos en la Torá es éste: «No vestirás hebras combinadas, lana y lino juntos» (Deuteronomio 22:11). Los sabios enseñaron que este precepto encierra un gran misterio, el de la disputa de Caín y Abel, los primeros hermanos que existieron sobre la faz de la Tierra. Uno de ellos presentó una ofrenda de lino, y el otro, de lana. Esta mezcla fue el inicio de las disputas, los pleitos y los asesinatos, como está escrito: «Y Adán conoció a Eva, su mujer, y ella concibió y dio a luz a Caín, y dijo:

—He adquirido –caniti– un hombre con El Eterno.

Y también dio a luz a su hermano Abel; y Abel fue pastor de ovejas y Caín trabajador de la tierra. Y pasado el tiempo, ocurrió que Caín trajo del fruto de la tierra una ofrenda a El Eterno. Y Abel, también él trajo de los primogénitos de su rebaño, y de los selectos de ellos. Y El Eterno atendió a Abel y su ofrenda. Y a Caín y su ofrenda no atendió; y eso irritó mucho a Caín y se abatió su rostro. Y El Eterno dijo a Caín:

—¿Por qué estás irritado, y por qué tu rostro está abatido? Ciertamente, si obrares bien, serás dispensado; y si no obrares bien, el pecado está en la puerta; y tuyo será él deseo, y tú podrás dominarlo.

Y Caín habló con su hermano Abel; y ocurrió que estando en el campo Caín se levantó contra su hermano Abel, y lo mató» (Génesis 4:1-8). Ésta es la razón de la prohibición de mezclar lana con lino (Midrash Tanjuma).

Vemos que estos dos elementos, lana y lino, están asociados a energías controversiales, y cuando están juntos, son capaces de generar un efecto nocivo. Por eso, ir vestido con fibras combinadas de lana y lino puede ser muy perjudicial, ya que se estaría atrayendo un flujo energético combinado de dos energías opuestas muy poderosas y disímiles.

Considérese lo ocurrido con los hermanos mencionados, ya que cada uno de ellos se vinculó con una de esas energías, y eso despertó envidia, disputas y reacciones violentas que derivaron en una pelea fatal. Por lo tanto, vemos que no vestir una prenda elaborada con una mezcla de estas dos fibras combinadas es ser considerado, ya que se evita el despertado de la energía de las reacciones violentas.

El misterio del arado

Asimismo, está escrito: «No ararás con un toro y un burro juntos» (Deuteronomio 22:10). ¿Por qué razón? Porque el toro y el burro no tienen la misma fortaleza física, y uno sufriría a causa del otro. Uno se vería limitado e impedido de avanzar, y el otro se vería obligado a forzar la marcha más allá de sus posibilidades naturales. Pero El Eterno se apiada de todas las criaturas, y por eso prohibió arar con dos especies de desigual capacidad, para que no sufran (véase Rabeino Bejaie).

Se observa que no arar con un burro y un toro juntos es un acto de consideración. Y los sabios explicaron otro acto de consideración que se realiza al no mezclar a estos dos animales en el arado, el cuál es muy aleccionador. Pues los sabios dijeron que el toro es rumiante, es decir, ingiere el alimento y después vuelve a regurgitarlo, haciéndolo emerger de nuevo a la boca; entonces lo mastica y lo digiere definitivamente. Y el burro no es rumiante, y lo que come lo digiere y no lo vuelve a regurgitar. Por lo tanto, si una persona arara con un toro y un burro juntos, cuando el toro regurgite su alimento para masticarlo nuevamente, el burro oirá que el toro está masticando, y puede pensar que los señores le dieron de comer dos veces, mientras que a él le dieron de comer una sola vez. Por eso, para evitar el sufrimiento del burro, se determinó que no se are con un burro y un toro juntos (Daat Zekenim MiBaalei Hatosafot a Deuteronomio 22:10).

Vemos aquí un gran acto de consideración.

El secreto de la carne y la leche

Asimismo, encontramos un precepto que indica no mezclar carne con leche, como está escrito: «No cocerás al cabrito en la leche de su madre» (Deuteronomio 14:21).

Los sabios explicaron que la leche representa la bondad, pues el alimento que la madre consume se transforma en su sangre, y ésta en leche. Y ella le entrega generosamente su leche a su hijo. En cambio, la carne representa el rigor, pues la madre se nutre de alimento para adquirir ella misma más volumen y vigor.

Vemos un gran acto de consideración de la madre, que da parte de lo de ella, que en vez de aprovecharlo para sí misma, para nutrir su cuerpo y generar más masa muscular o volumen, lo da a su hijo en forma generosa.

El rigor y la bondad

Ahora bien, respecto al rigor y la bondad mencionados, debe considerarse que los sabios enseñaron que El Eterno implantó en el interior del hombre una tendencia al bien y una tendencia al mal. Fue con el propósito de que la persona se fortalezca y sobreponga con su tendencia al bien a la tendencia al mal. Consecuentemente, debe fortalecerse y sobreponerse con su bondad y misericordia al rigor, pues la misericordia, los actos de bondad y sus ramales provienen de la tendencia al bien, la cual deriva de la bondad. Asimismo, debe abocarse a extirpar de su corazón todas las cualidades de crueldad, venganza, ira, y envidia, porque todas ellas provienen de la tendencia al mal, cuya raíz es el rigor (Reshit Jojmá Shaar Hairá 4:25).

Por eso, no debe mezclarse la carne con la leche, el rigor con la bondad, sino que debe someterse al rigor con la bondad. Pero una vez que ambos productos fueron cocidos juntos, se convierten en un solo ente, tornándose imposible separar entre ellos la bondad del rigor. Resulta, pues, que así se atrae la energía de la misericordia de la madre al generar la leche, sometiendo al rigor ante la bondad.

La clave de la salvación

Y como éstos, también todos los demás preceptos están vinculados con la consideración. Resulta, pues, que los preceptos son una herramienta que nos ha entregado El Eterno para trabajar la consideración. Porque estudiando en profundidad cada precepto y observando cómo se relaciona con la consideración, aprendemos a ser más considerados con toda la obra de la creación. Y así se atrae la energía suprema de lo Alto que ayuda a superar todas las adversidades y las aflicciones, tal como ya hemos mencionado. Y así se entiende lo que enseñó el sabio rabí Eleazar, quien dijo que para salvarse de los flagelos de la época de los talones, hay que estudiar la Torá y hacer actos de bondad (Talmud, tratado de Sanhedrín 98b).

Y como hemos visto, los actos de bondad comprenden hacer el bien y ser considerados, o sea, hacer lo que es bueno a nuestro prójimo y no hacerle lo que le moleste, tal como ya hemos mencionado, y tal como fue enseñado en el Talmud.

La enseñanza de los jóvenes

Porque en el Talmud se enseñó: Los sabios avisaron a rabí Yeoshúa ben Levi: «Los niños recién egresados de la escuela preparatoria[1] asistieron a la academia mayor, y en su primer día de estudios junto a los mayores, revelaron informaciones que no fueron escuchadas siquiera en los días de Josué (el sucesor de Moisés)».

Los jóvenes disertaron sobre las letras del alfabeto hebreo. Dijeron acerca de las dos primeras letras, *alef* y *bet:* estos caracteres enseñan que hay que estudiar la Torá y entenderla. Porque *alef* es la inicial de *elaf,* que significa estudiar. Y *bet* es la inicial de la palabra *biná,* que significa entendimiento. Resulta que estos dos caracteres indican que hay que estudiar la Torá y entenderla.

Después disertaron sobre las dos letras siguientes, *guimel* y *dalet.* Dijeron que esas dos letras son las iniciales de las palabras *guemul dalim,* que significa: hacer obras de bien a los necesitados.

Y siguieron explicando más destalles de estas dos letras. Dijeron:

---

1. En el Talmud de Jerusalén se dice que esos jóvenes mencionados formaban parte de una camada brillante. Uno de ellos era rabí Eliezer ben Urkenus y otro era rabí Yehoshúa ben Jananiá.

—¿Cuál es la razón por la que el pie de la letra *guimel* está extendido en dirección hacia la letra siguiente que es *dalet*, y no está en dirección de la letra anterior, que es *bet*? Porque es habitual en aquel que ama hacer el bien al prójimo –*gomel jasadim*–, correr detrás de los necesitados –*dalim*– para ayudarles.

Después dijeron:

—¿Y por qué el pie de la letra *dalet* está extendido (inclinado levemente) en dirección a *guimel,* que es la letra anterior, y no en dirección a *he,* que es la letra posterior? Para que los necesitados encuentren ellos mismos a los que desean ayudar.

De esta manera, a aquellos que quieren dar les evitan la molestia de tener que ir en busca de los necesitados para darles. Y así los necesitados hacen también su acto de *guemilut jasadim*, al ahorrar a quien quiere dar, la necesidad de tener que salir para hacerlo (Maarsha).

Los jóvenes también dijeron:

—¿Por qué la letra *dalet* da vuelta su rostro a la letra *guimel?* Para comunicar al que da que lo haga en forma recatada, de esta manera no avergonzará al necesitado (Talmud Shabat 104, Rashi) (*Numerología y cábala*, cap. II).

El mensaje esencial

Se observa a partir de las cuatro primeras letras del alfabeto hebreo que las mismas informan que hay que estudiar la Torá y entenderla; y que hay que ayudar a las personas, y ser considerados. Y recordad que el sabio Hilel enseñó que toda la Torá es no hacer al prójimo lo que uno aborrece que le hagan a uno; y eso es consideración.

Por lo tanto, la clave para salvarse de todos los flagelos, y hallar la felicidad, es indudablemente la práctica de la consideración. Y si se ve que algo en nuestra vida no va bien, y eso nos preocupa o nos aflige, es probable que haya algo que se debe mejorar en un asunto de consideración. Por eso, es correcto y apropiado hacer una introspección, y revisar si se está fallando en ese aspecto, y ver qué se puede mejorar para atraer la energía suprema que permita liberarse de las aflicciones, y vivir con paz y alegría.

Y si no se encuentra nada después de hacer una introspección, es probable que la solución a nuestros problemas la tengan los integrantes de nuestra propia familia, los vecinos, parientes, compañeros de trabajo u otras personas, que conocemos o que no conocemos. ¿Por qué? Es posible que alguna de esas personas esté molesta por algo que hacemos habitualmente, y nosotros no lo sabemos. Es posible que el vecino de abajo, al cual ni siquiera conocemos, sienta aborrecimiento por uno. ¿Por qué razón? Porque uno se levanta a las cinco de la madrugada para ir a trabajar y traer el dinero a casa honradamente, y no se da cuenta de que cada vez que se levanta, mueve la silla que está junto a su cama, y el vecino que vive en el nivel inferior se despierta por esa causa, y después no puede conciliar el sueño. Y sufre, y sigue sufriendo en silencio, día tras día sin decir nada. Pero esa energía negativa que se genera llega a lo Alto e impacta en la persona que la generó. Porque todas las energías que se generan por el sufrimiento provocado a otra persona son capaces de generar un perjuicio o un daño.

Energías negativas y positivas

Considérese que en el tratado talmúdico de Baba Metzía, se enseñó que el 99 % de las personas mueren por mal de ojo (Talmud, tratado de Baba Metzía 107b). O sea, al 99 % de las personas les afectan las energías negativas emitidas o generadas por otras personas. Y esas energías no surgen siquiera de una palabra emitida, sino del interior de las personas, de sus pensamientos o de sus sentimientos.

Y aquellos que generaron esa energía negativa que impacta contra la integridad de uno pueden ser nuestros familiares o vecinos, compañeros de trabajo u otras personas, que conocemos o no conocemos, tal como hemos mencionado anteriormente. E incluso familiares directos o personas que viven con nosotros en nuestro propio hogar. Por eso, aquí tenemos una clave esencial para liberarnos de los problemas y poder hallar respiro, sosiego, alegría y felicidad. Para neutralizar esa energía negativa, hay que averiguar a qué persona estamos perjudicando con alguna actitud que ni siquiera nos damos cuenta que a través de la misma estamos causando un perjuicio a otra persona.

Y para eso es necesario el diálogo. Dialogar con las personas con las cuales tenemos contacto, también con nuestros vecinos, aunque no los conozcamos, y tratar de averiguar si hay alguna actitud nuestra que les molesta. Se le puede preguntar en forma directa o indirectamente, o de algún modo creativo, si hay algo que le molesta de uno. Por ejemplo, puede ir a visitar a un vecino y pedirle cualquier cosa que necesita, o simplemente para saludar, y de modo ocasional, le puede decir: «Si hay algo que puedo hacer por ti o hay algo que te molesta de mí, por favor dímelo, porque soy una persona que me gusta la buena convivencia y estar bien con las demás personas». Y entonces es posible que se entere de algo que no sabía, y eso le puede cambiar la vida.

XV

La interacción social

Ya hemos visto que existe una gran diferencia entre amar al prójimo haciéndole acciones de bondad y no hacerlo sufrir, es decir, absteniéndose de hacerle lo que a uno no le agradaría que le hiciesen. Y ésa es la clave para salvarse de todos los sufrimientos y los padecimientos que fueron pronosticados para esta época. O sea, ser considerados no haciendo sufrir para no sufrir. Y ahora veremos otro asunto esencial, y es lo que tiene que ver con la convivencia, ya que es muy distinto ser considerado con otras personas, a la consideración que se recibe de las otras personas. Porque lo primero depende de uno, y lo segundo, de los demás.

Asimismo, nuestra consideración con respecto a los demás es algo que podemos trabajar y mejorar para atraer la energía de lo Alto, y liberarse de las aflicciones y los sufrimientos, tal como hemos mencionado. Pero eso no quiere decir que uno esté obligado a padecer la falta de consideración de los demás, porque ése no es el objetivo del plan Divino, ya que, así como hay un precepto que nos indica amar al prójimo como a uno mismo, y otro precepto de no hacerlo sufrir, siendo considerados con él, hay otros preceptos que nos indican cómo relacionarnos con los demás y de qué manera reaccionar cuando se padece de un trato incorrecto.

Y esto está estrechamente vinculado con lo mencionado hasta aquí. Obsérvese que en el mismo libro en el que se explica lo concerniente a la consideración,[1] de no hacer sufrir al prójimo de ningún modo, en ese mismo libro, y en ese mismo capítulo, siguiendo las normas de ese mismo precepto, se explica cómo tratar a personas que son desconsideradas o no respetan como es debido.

El precepto de no andar difamando

Para comprender lo que se menciona allí, vamos a poner un ejemplo a modo de introducción. Entre los preceptos que fueron prescritos para observar en la conducta de una persona con su prójimo, hallamos el de no difamar, como está escrito: «No andarás difamando en tu pueblo; no te pondrás de pie sobre la sangre de tu prójimo; Yo El Eterno» (Levítico 19:16).

¿Por qué está escrito junto a la acción difamatoria: «No te pondrás de pie sobre la sangre de tu prójimo»? Los sabios enseñaron: el que habla contra otra persona, difamándola, mata a tres: a aquel de quien habla, al que escucha y al que lo dice –se mata a él mismo– (Talmud, tratado de Arajin 15b).

Pues si el difamador era Mengano, el difamado Zutano y el que oía Perengano, después de que Perengano oyera de Mengano lo que había hecho Zutano, seguramente irá a buscarlo para «matarlo». Y el vengador de la sangre de Zutano, al enterarse de que Perengano lo había «matado», irá tras él para «matarlo». De este modo, Zutano provocó la «muerte» de dos personas, aquel de quien habló y el que oyó, por lo que seguramente de lo Alto se ocuparán de él y le caerá la misma suerte que a aquellos dos a los que él «mató» (Alshij Levítico 14:14).

Defenderse de las infamias

Hemos visto que el difamar a otra persona es una falta muy grave. Y si uno es difamado por otra persona, ¿cómo debe actuar? ¿Debe ser pasivo o tomar acción? Observad lo que esté escrito a continuación de ese

---

1. Sefer Ajinuj.

versículo que indica no difamar y no derramar sangre: «No aborrecerás a tu hermano en tu corazón; ciertamente reprenderás a tu prójimo para no cargar con pecado por su causa» (Levítico 19:17).

A partir de esta declaración, se observa que no hay que quedarse con resentimiento ni odio en el corazón, sino reprochar a la persona que difamó. Y eso es precisamente lo que se revela en el libro que enseñó cómo ser considerado con las demás personas. Porque en el libro Sefer Hajinujim se enseña a continuación que, de todos modos, es posible decir que no se entiende de lo mencionado (relativo al precepto de no hacer sufrir al prójimo), que si vino una persona, y comenzó (a atacar con una actitud inapropiada), y actuó con maldad, haciendo sufrir a su prójimo con palabras malas, que el que escucha no le responda, porque es imposible para la persona ser como una piedra inerte (véase Talmud, tratado de Avoda Zara 8b).

El ejemplo de Abraham

Observemos cómo actuó Abraham, el hombre más bondadoso que había en su época, cuando se comportaron inadecuadamente con él: «Y sucedió en ese momento que Abimelej y Fijol, el capitán de su ejército, le dijeron a Abraham:

—Dios está contigo en todo lo que haces. Y ahora, júrame aquí por Dios que no me engañarás a mí, ni a mi hijo, ni a mi nieto; tal como la bondad que he hecho contigo, tú harás conmigo y con la tierra en la que has morado.

Y Abraham dijo:

—Yo juro.

Entonces Abraham reprochó a Abimelej por la fuente de agua que habían robado los sirvientes de Abimelej. Y dijo Abimelej:

—No sé quién ha hecho esto; y tú tampoco me lo has dicho, y yo mismo no oí nada, excepto hoy.

Y Abraham tomó ovejas y vacas y los entregó a Abimelej; y ambos establecieron un pacto. Y Abraham puso siete corderas del rebaño aparte. Y Abimelej le dijo a Abraham:

—¿Qué son estas siete corderas que has puesto aparte?

Y dijo:

—Porque tomarás de mi mano estas siete corderas para que me sea por testimonio de que yo he cavado esta fuente.

Por eso llamó a ese lugar Fuente del Juramento –Beer Sheba–, porque allí ambos prestaron juramento. Y establecieron un pacto en Beer Sheba; y se levantó Abimelej, y Fijol, el capitán de su ejército, y volvieron a la tierra de los filisteos. Y plantó un huerto en Beer Sheva y proclamó allí en el Nombre de El Eterno, Dios del mundo. Y moró Abraham en la tierra de los filisteos durante muchos días» (Génesis 21:22-32).

Se aprecia que Abraham, el hombre más bondadoso que existía en su época, cuando tuvo que reprochar por algo incorrecto que le habían hecho, lo hizo.

El reclamo de consideración

Asimismo, hay otro suceso vinculado con Abraham que nos ilumina el asunto en forma sorprendente. Porque es sabido que Abraham era un hombre bondadoso, y muchas veces no actuaba con rigor debido a que en él predominaba únicamente la bondad. Después, nació su hijo Isaac, que él sí que estaba vinculado con el rigor. Pero en lo que respecta a Abraham, en él existía únicamente amor y bondad. Y en una ocasión, Abraham hizo una obra de bondad, y eso fue considerado por su esposa una falta de consideración. Y se lo recriminó, y quedó registrado en el texto bíblico para regalarnos una enseñanza extraordinaria.

Veamos: en el texto bíblico se narra un suceso en el cual Abraham fue a recuperar los bienes de su sobrino Lot, ya que los mismos habían sido tomados ilegítimamente. Y cuando Abraham regresaba, se encontró con un sacerdote de El Eterno, y le dio el diezmo de todo lo que tenía, como está escrito: «Y Malki Tzedek, rey de Shalem, sacó pan y vino; y él era sacerdote de Dios Supremo. Y lo bendijo, y dijo:

—Bendito es Abram para Dios, El supremo, Amo de los Cielos y de la Tierra. Y bendito Dios, El supremo, que entregó a tus enemigos en tu mano.

Y (Abraham) le dio el diezmo de todo» (Génesis 14:18-20).

Después se narra la petición del rey de Sodoma, como está escrito: «Y el rey de Sodoma dijo a Abram:

—Dame a las personas; y a los bienes, tómalos para ti.

Y Abram dijo al rey de Sodoma:

—Elevo mi mano a El Eterno, Dios supremo, Amo de los Cielos y la Tierra. No tomaré ni un hilo, ni un cordón de zapatos, ni nada de lo que sea tuyo; y no digas: "Yo enriquecí a Abram". Únicamente con excepción de lo que comieron los jóvenes y la parte de los hombres que me acompañaron, Aner, Eshkol y Mamré; ellos tomarán su parte» (Génesis 14:21-24).

La visión suprema

A continuación, se narra este acontecimiento: «Después de estos sucesos, le vino la palabra de El Eterno a Abram en una visión, diciendo:

—No temas, Abram, Yo soy un escudo para ti; tu recompensa es muy grande.

Y dijo Abram:

—Señor mío, El Eterno, ¿qué me darás, pues yo no tengo hijos, y el mayordomo de mi casa es Eliezer, el damasceno?

Y dijo Abram:

—He aquí que a mí no me has dado simiente; y he aquí que me hereda mi mayordomo.

Y la palabra de El Eterno vino a él, diciendo:

—No te heredará él; sino ese que saldrá de tus entrañas te heredará.

Y lo sacó fuera, y dijo:

—Observa, ahora, el Cielo, y cuenta las estrellas si puedes contarlas.

Y le dijo:

—Así será tu descendencia.

Y tuvo fe en El Eterno, y Él se lo consideró un mérito» (Génesis 15:1-6).

El reproche de Sara

Y en el capítulo siguiente se narra este suceso: «Sarai, la esposa de Abram, no le daba hijos, y ella tenía una sierva egipcia, cuyo nombre era Hagar. Y Sarai dijo a Abram:

—He aquí que El Eterno me ha abstenido de tener hijos; te ruego, pues, que te llegues a mi sierva; quizá tendré hijos a través de ella.

Y Abram aceptó la solicitud de Sarai. Y Sarai, la esposa de Abram, tomó a su sierva Hagar, la egipcia, tras diez años de morar Abram en la tierra de Canaán, y la entregó por mujer a Abram, su marido. Y se llegó a Hagar y ella quedó preñada; y viendo que estaba preñada, despreció a su ama» (Génesis 16:1-6). Entonces Sara reprochó a Abraham por su actitud, como está escrito inmediatamente a continuación: «Sarai le dijo a Abram:

—Mi afrenta sea sobre ti; te he dado a mi sierva por mujer, y viéndose preñada, me desprecia; juzgue El Eterno entre tú y yo» (Génesis 16:5).

¿Por qué le reprochó? Lo que se observa en forma textual es evidente, pero hay mucho más, tal como fue explicado por los sabios. Veamos, Sarai se quejó de que su sierva, viéndose preñada, la despreciaba. ¿De qué manera? El exegeta Rashi explicó: Ella decía:

—Esta Sarai, lo que hay en su interior no es como lo que manifiesta exteriormente. Porque se muestra como una mujer justa, y no es justa, pues no mereció quedar preñada todos estos años, y yo quedé preñada desde la primera relación.

Se observa que había aquí un asunto de difamación. Y recordemos lo que está escrito al respecto: «No andarás difamando en tu pueblo; no te pondrás de pie sobre la sangre de tu prójimo; Yo El Eterno» (Levítico 19:16). E inmediatamente a continuación está escrito: «No aborrecerás a tu hermano en tu corazón; ciertamente reprenderás a tu prójimo para no cargar con pecado por su causa» (Levítico 19:17).

Orden de los sucesos

Vemos que el reproche de Sarai estaba muy bien fundamentado. Pero entonces surge la pregunta, ¿por qué no reprochó a su sirvienta, sino que reprochó a su marido por la difamación propinada por su sirvienta? La respuesta la hallamos en la siguiente explicación del exégeta Rashi al versículo: Sarai dijo: «Mi afrenta sea sobre ti». Por la afrenta que me fue propinada, yo echo el castigo sobre ti. Cuando oraste a El Santo, Bendito Sea: «¿Qué me darás, pues yo no tengo hijos?», no oraste sino por ti, y debías haber orado por ambos, y yo hubiese sido recordada contigo (para engendrar). Y, además, tu palabra es causa de afrenta para mí, porque tú oyes mi desprecio (lo que mi sirvienta dice de mí), y guardas silencio.

¿Y por qué Abraham no oró por ella para que ambos fueran recordados y engendraran juntos? ¿Y por qué guardaba silencio ante la afrenta que escuchaba acerca de su esposa? Porque Abraham sabía que, a causa de esas aflicciones, ella se dirigiría a El Eterno con el corazón quebrantado y contrito, y ésa era la llave que abriría las puertas de su esterilidad para que engendrara. O sea, lo de Abraham era bondad absoluta, sabía que ésa era la solución para el problema de su esposa, y por eso hizo bondad con ella de ese modo. Sin embargo, aun así, ella le reprochó por su actitud, por la falta de consideración. Y El Eterno dijo a Abraham: «Todo lo que te dijere Sara, oye su voz» (Génesis 21:12).

Por lo tanto, nosotros aprendemos de esta declaración que hay que reprochar cuando se observa falta de consideración, e incluso cuando la falta de consideración fuese por algo positivo, tal como se observó aquí, y tal como se observó en el caso de Penina, tal como mencionamos previamente. Y recordemos que en el libro Sefer Hajinujim se enseñó que si vino una persona, y comenzó (a atacar con una actitud inapropiada), y actuó con maldad, haciendo sufrir a su prójimo con palabras malas, (no se debe decir) que el que escucha no le responda; porque es imposible para la persona ser como una piedra inerte. Y a continuación se dijo: Y, además, porque si guarda silencio, es como si reconociera su afrenta. Y en verdad, en la Torá no se ordenó que la persona sea como una piedra, que permanece en silencio ante quién la afrenta, como cuando la bendicen. Pero se nos ordenó alejarnos de esta cualidad, y no empezar a discutir y afrentar a las personas (Sefer Hajinuj, Ibíd.).

Después de estudiar este tema tan importante, vamos a ver en el próximo capítulo cómo formar el entorno social según todas las enseñanzas que hemos visto hasta aquí.

XVI

La elección de las amistades

Trabajando la consideración se puede alcanzar un grado supremo, y algo trascendental, como es la liberación de los flagelos, tal como fue mencionado en el Talmud. Y la consideración debe practicarse con todas las personas. Pero no hay que confundir consideración con amistad entrañable, ya que una cosa es no hacer a las demás personas lo que a uno no le agrada que le hicieran, y otra muy distinta es tener una relación de amistad entrañable con otra persona. Porque los sabios han enseñado que hay personas de las cuales hay que alejarse debido a su mala influencia. Por ejemplo, un mal compañero, un mal vecino, etc. Por eso, es correcto ser considerado con todos, no haciéndoles cosas que les hagan sufrir, pero al mismo tiempo, evitar acercarse a personas malas para desarrollar con ellas una amistad. Sí, hacerles el bien y cuidarse de no hacerles cosas que les hagan sufrir, pero no ser sus amigos entrañables, ya que el entorno es esencial para edificarse y ser una buena persona.

Una enseñanza magistral

Considerad esta enseñanza. Dijo rabí Eleazar: Todo el que es misericordioso con los crueles finalmente será cruel con los misericordiosos (Midrash Tanjuma, Metzora).

Es importante meditar en esta enseñanza. Asimismo, se debe observar una diferencia esencial, se manifestó aquí que todo el que es misericordioso con los crueles [...]. O sea, hacer algo a otra persona, hacerle actos de misericordia. Y la consideración es un término que hemos utilizado para resumir el concepto: «No hagas a tu prójimo lo que aborreces que te hagan a ti». Resulta, pues, que lo relacionado con la consideración es algo que requiere abstenerse de hacer, o sea, no hacer; y la misericordia requiere acción, es decir, hacer.

La elección del entorno

Por lo tanto, dado que la elección de las amistades y las personas en las cuales se deposita la confianza es tan importante, veremos cómo edificarse un entorno correcto, cómo elegir los amigos y también las personas en quienes confiamos para que nos orienten, como un mentor o un maestro, sobre la base de la enseñanza talmúdica de la consideración.

El elogio del maestro a sus alumnos

Para comprender este asunto en forma apropiada, veremos una investigación que un maestro solicitó a sus alumnos que realizaran para que descubrieran cuál es la cualidad más importante a la cual se debe apegar la persona. Y después los envió a investigar lo opuesto, es decir, la cualidad más importante de la cual la persona debe alejarse.

Observamos que también aquí está presente la relación entre tomar acción o «hacer» y apartarse, o «no hacer». Y otra cosa muy importante que debemos destacar es que antes de mencionarse lo concerniente a la investigación, se cita un detalle trascendental del maestro con sus discípulos. Él solía destacar sus virtudes. Y eso es esencial, lo opuesto a despreciar. Elogiar las virtudes de las personas, lo opuesto a hacer sufrir.

Esto se revela acerca de ese maestro: Rabán Yojanán, hijo de Zakai, tenía cinco discípulos, y éstos son: rabí Eliezer, hijo de Urkanus; rabí Yehoshúa, hijo de Jananiá; rabí Yosei, el sacerdote; rabí Shimon, hijo de Netanel; y rabí Eleazar, hijo de Araj.

El maestro solía contar las cualidades de ellos. Decía: rabí Eliezer, hijo de Urkanus: es como un pozo (revestido de) cal, que no pierde ni una gota; rabí Yehoshúa: bienaventurada la que lo dio a luz; rabí Yosei: es un piadoso; rabí Shimon, hijo de Netanel: es temeroso del pecado; y rabí Eleazar, hijo de Araj: es como un manantial surgente (Mishná, tratado de Avot 2:8).

La calidad del maestro

Indudablemente un maestro ejemplar. Pero veamos la explicación de estas palabras. Esto enseñó el sabio Rabí Ovadia de Bartenura:

«Un pozo de cal»: un pozo revestido de cal. «Que no pierde ni una gota»: así es él, no olvida ninguna palabra de su estudio.

«Bienaventurada la que lo dio a luz»: bienaventurado con buenas cualidades, hasta que todo el mundo decía acerca de él: «Bienaventurada quién le ha dado a luz». Hay quienes dicen que se debe a que ella provocó que él fuese sabio, porque iba a todas las casas de estudio que había en su ciudad, y les decía (a los que estudiaban allí): «Por favor, solicitad misericordia por este embarazo que hay en mi vientre, para que sea sabio». Y desde el día de su nacimiento, no quitó su cuna de la casa de estudio para que no entraran en sus oídos sino palabras de Torá.

«Piadoso»: que hace más de lo requerido por la ley.

«Temeroso del pecado»: es riguroso consigo mismo y se prohíbe (incluso) las cosas permitidas, por temor, por si cometiere un pecado. Pues si no fuese así, ¿cuál es la novedad (de esta enseñanza)? Porque incluso un iletrado puede ser temeroso del pecado.

«Manantial surgente»: tiene un corazón amplio —es decir, una amplia capacidad de aprehensión—, e incrementa debate y razonamientos de su propio pensamiento.

La investigación de las cualidades

Ésta es la investigación: el maestro les dijo a sus discípulos:

—Salid y observad cuál es el camino recto al cual debe apegarse la persona.

Rabí Eliezer dijo:

—Buen ojo.

Rabí Yehoshúa dijo:

—Un buen compañero.

Rabí Yosei dijo:

—Un buen vecino.

Rabí Shimon dijo:

—El que ve el nacimiento (de las cosas, lo que ocurrirá en el futuro con lo que se hace).

Rabí Eleazar dijo:

—Buen corazón.

El maestro les dijo:

—Yo veo a las palabras de Eleazar, hijo de Araj, (como la base de todo), pues en las palabras de él se incluyen vuestras palabras.

El camino opuesto

El maestro les dijo:

—Salid y observad cuál es el mal camino del que la persona debe alejarse.

Rabí Eliezer dijo:

—Mal ojo.

Rabí Yehoshúa dijo:

—Un mal compañero.

Rabí Yosei dijo:

—Un mal vecino.

Rabí Shimon dijo:

—Quien pide prestado y no paga (sus deudas). Uno que pide prestado a un hombre es como si le pidiera prestado al Omnipresente, Bendito es Él, como está dicho: «El malvado pide prestado y no paga, y el justo se apiada y da» (Salmos 37:21).

Rabí Eleazar dijo:

—Mal corazón.

Rabí Yojanán ben Zakai les dijo:

—Yo veo a las palabras de Eleazar, hijo de Araj, (como la base de todo), pues en las palabras de él se incluyen vuestras palabras.

La explicación de las palabras de los discípulos

Ésta es la explicación mencionada por el sabio rabí Ovadia de Bartenura:

«Buen ojo»: se conforma con lo que tiene y no busca excedentes, y no envidia cuando ve que sus compañeros tienen más que él.

«Buen compañero»: que le reprocha cuando ve que hace algo que no es honorable.

«Buen vecino»: está con él, tanto de día, tanto de noche, mientras que un buen compañero no se encuentra junto a él en todo momento.

«El que ve el nacimiento»: observa y contempla lo que ocurrirá en el futuro, y a través de eso, considera la pérdida que conlleva un precepto en contraposición con su recompensa, y el pago de una transgresión en contraposición con su pérdida (véase Mishná, tratado de Avot 2:1).

«Buen corazón»: porque el corazón es el (órgano) que activa todas las demás fuerzas, y es la fuente de la cual brotan todas las acciones. Y aunque las acciones tienen órganos especiales (vinculados a ellas), de todos modos, la fuerza que despierta todos los movimientos se encuentra en el corazón, por eso rabí Eleazar dijo «buen corazón». Y por eso, rabán Yojanán, hijo de Zakai, dijo: «Yo veo a las palabras de Eleazar, hijo de Araj, (como la base) de vuestras palabras».

«Cuál es el mal camino del que la persona debe alejarse»: necesitó preguntarles esto y no entendió de las primeras palabras mencionadas por ellos que el mal camino es lo opuesto del buen camino, porque no todo lo que es bueno su opuesto es malo. Porque la cualidad de la piedad –jasidut–, que es el que hace más de lo que estipula la ley, es buena, y quien no es piadoso y establece sus palabras estrictamente conforme a la ley de la Torá no es malo; y era posible decir que la conformidad, que es el buen ojo, es el buen camino, y buscar excedentes no es un mal camino, porque no daña a ninguna persona a través de eso, y así con las demás cualidades. Por eso necesitó preguntarles cuál es el mal camino del que la persona debe alejarse.

155

«Quien pide prestado y no paga»: es lo opuesto del que ve el nacimiento, porque si no paga, no encontrará quien le preste, y padecerá hambre. Y no dijo simplemente: «Quien no ve el nacimiento», porque es posible que la persona no vea el nacimiento y no llegue a tropezar, porque se salva a sí misma cuando venga eso que nacerá.

«Y el justo se apiada y da»: El Santo, Bendito Sea, que es el Justo del mundo, se apiada y da al prestador lo que prestó a éste que le pidió prestado y no le pagó. Resulta que el que pidió prestado continúa estando obligado con el Omnipresente.

Los atributos del buen corazón

Resulta, pues, que hay que acercarse al buen corazón y alejarse del mal corazón. Y sabemos que está dicho: «Y no afligirá un hombre a su prójimo y temerás a tu Dios; pues Yo soy El Eterno, vuestro Dios» (Levítico 25:17). Y tal como ya hemos mencionado, al respecto fue manifestado en el Talmud: Rabí Yehuda enseñó: Tampoco la persona debe poner sus ojos sobre la mercancía cuando no tiene dinero para comprar. La razón es porque hará ilusionar al vendedor vanamente. Es decir, se trata de un asunto que se encuentra oculto en el corazón, ya que nadie más que él conoce su intención. Y respecto a todo lo que estuviese oculto en el corazón, fue dicho: «Y temerás a tu Dios» (Levítico 25:17), pues Dios escudriña los corazones y sabe cuál es la verdadera intención de las personas.

Resulta, pues, que no hacer sufrir a los demás, o sea, tener consideración por los demás, está vinculado con el corazón. Y si bien no podemos saber lo que hay en el corazón de las personas, sabemos lo que enseñaron los alumnos de rabán Yojanán, hijo de Zakai. Y el maestro les dijo que lo dicho por rabí Eleazar es la base de todo, pues en las palabras de él se incluyen las palabras de los demás.

O sea, si vemos a alguien que tiene mal ojo, o es un mal compañero, o un mal vecino, o quien pide prestado y no paga, es señal de que no tiene un buen corazón.

Y fue enseñado: «Nitai de Arbel decía: "Aléjate del mal vecino, no te juntes con el malvado y no renuncies del castigo"» (Mishná, tratado de Avot 1:7).

Las características del corazón

Se desprende de lo mencionado, y también de lo dicho anteriormente en el libro Sefer Hajinuj, que a través de las acciones que vinculan con el corazón, se puede conocer a la persona. Y si la persona hace cosas que son desagradables a los demás, es una señal de que en su corazón hay algo que no es bueno. Y si tenemos en cuenta lo que fue dicho para poder reconocer esas acciones que no son buenas, tal como poner los ojos en una mercancía que uno no desea comprar, sabemos que, aunque parezca algo pequeño, a través de eso se aflige a la otra persona, ya que se aflige al vendedor, porque se ilusiona con que esa persona tal vez le compre, y eso es considerado una aflicción. Y así con todas las demás cualidades que se observen, es fundamental prestar atención a esos detalles, que aunque parezcan pequeños, son muy importantes para conocer el corazón de las personas, y saber a quién apegarse y de quién apartarse. Y si bien es cierto que es imposible encontrar a una persona perfecta, de todos modos, hay que observar para verificar que sus actos de consideración sean más que sus actos de desconsideración.

La interpretación de la clave

Observad lo que fue enseñado: cuando dos entran a orar juntos, uno debe esperar al otro. Tal como se enseña en el Talmud: dos hombres entraron a orar juntos, pero uno de ellos terminó primero, y se fue. E hizo esto pese a que dejaba sólo a su compañero. Actuando de este modo, en retribución por su actitud, le arrojan su plegaria ante él, sin aceptársela. Además, obrando tal como lo hizo, con crueldad, provoca que la Presencia Divina se aparte de Israel.

Sin embargo, si aguardó a su compañero, la recompensa que le espera es muy grande. Pues se adjudica las bendiciones señaladas por el profeta. Como está escrito: «Si atendieres Mis preceptos» (Isaías 48:18). Es decir, si cumplieres con el precepto de hacer bondad, aguardando a tu compañero, te adjudicarás las bendiciones descritas a continuación: «Tu paz será como un río, y tu justicia como las olas del mar; tu descendencia será como la arena, y los renuevos de tus entrañas, como el producto del mar; su nombre no será cortado ni exterminado de mi presencia» (Isaías 48:18-19) (Talmud, tratado de Berajot 5b).

Consideración en la comida

Como este caso que hemos visto, los sabios enseñaron muchas otras cosas acerca de la consideración, y dieron instrucciones específicas. Por ejemplo, acerca de la comida enseñaron que si dos están comiendo de un plato central y uno de ellos interrumpe porque desea hacer algo breve, como beber un poco de líquido o alguna otra cosa, el otro debe suspender la toma de alimentos del plato central hasta que su compañero termine de beber y vuelva a comer con él. A esto se refiere lo que fue enseñado: «Cuando dos comieren de una misma bandeja que se encuentra entre ambos, y uno deja de tomar de los alimentos porque desea beber, el compañero deberá también suspender la toma de alimentos de la bandeja hasta que el otro acabe de beber. Pero si son tres y uno de ellos hace un alto para beber, los otros dos no interrumpen» (Shulján Aruj Oreaj Jaim 170: 2).

Esto que fue enunciado debe cumplirse siempre y cuando el que interrumpió no se demorare demasiado o si no hubiere comenzado a hablar con alguna persona. Pero si hiciere algo de esto, no es necesario aguardarlo (Mishná Berurá).

También fue enseñado: no se debe morder un alimento y después dejarlo sobre la mesa. Pues causará repugnancia a los demás comensales (Shulján Aruj Oreaj Jaim 170:10 – Mishná Berurá).

Además, si la persona mordió un alimento y quedó una parte de éste fuera de su boca, no puede colocar la parte que quedó en una bandeja o frente a su compañero, pues al morder tocó ese trozo con sus dientes y le impregnó su saliva, y no todos lo soportan (Shulján Aruj Oreaj Jaim 170:15; Mishná Berurá).

Asimismo, fue enseñado: no se debe beber de un vaso y después dárselo al compañero, pues es peligroso. La razón se debe a que tal vez el que ha bebido en primer lugar esté enfermo, y a través de su saliva que se ha impregnado en el vaso, contagiará a su compañero. Aunque no es la única razón de esta norma; también debe tenerse en cuenta que si uno diere el vaso del cual bebió al compañero, éste, por vergüenza, lo recibirá y beberá por la fuerza. Y es posible que le repugne beber de los restos que dejó otro, por lo que, al hacerlo forzado por la situación, tal vez se atragante y su salud se perjudique (Shulján Aruj Oreaj Jaim 170: 16; Mishná Berurá).

Éstos son algunos ejemplos de las enseñanzas que los sabios nos entregaron acerca de la consideración. Y debemos recordar lo que fue mencionado en Sefer Hajinuj: «Y no es posible escribir cada detalle de los asuntos en los cuales hay sufrimiento para las personas, pero cada uno debe ser cuidadoso según su observación, porque El Santo, Bendito Sea, conoce todos los pasos y todas las insinuaciones. Porque la persona ve lo que observa con los ojos, y Él ve los corazones».

La conducta humana

Resulta de lo mencionado que observando la conducta de las personas en lo que respecta a su consideración con los demás, aunque no sepamos su intención, tendremos indicios evidentes para saber si tiene cualidades que descubren un buen corazón o no, determinar si conviene darles nuestra confianza o no y elegirlos para ser sus amigos entrañables o no.

Por eso, dado que este tema es tan importante, en el próximo capítulo analizaremos diferentes acciones de consideración para saber elegir con mayor precisión a las personas a las cuales nos conviene apegarnos.

XVII

Las acciones reveladoras

El tema que abordaremos en este capítulo es sumamente importante, ya que analizaremos las acciones de consideración. Y como vamos a citar reacciones puntuales de las personas, es correcto señalar actos que son tomados por la mayoría de las personas como ofensivos, y por eso es correcto abstenerse de hacerlos. Y quién los realiza de todos modos es una persona que está demostrando falta de consideración.

Para apoyar esta enseñanza que hemos citado, y que desarrollaremos a continuación, vamos a mencionar una cita del libro Ben Ish Jai, que nos indica el camino de seguir lo que piensa la mayoría de las personas, también en el tema de la consideración.

En el citado libro, se mencionan las acciones que se deben considerar al evacuar el vientre o hacer aguas menores. Y se enseña: cuando realiza sus necesidades en un lugar descubierto, debe alejarse para que el prójimo no vea sus partes íntimas, lo que descubre de su cuerpo por delante y por detrás. Y no necesita alejarse demasiado, hasta que no se vea totalmente su cuerpo, sino solamente que no se vea el lugar de su desnudez. Pero detrás de un cerco puede realizar sus necesidades incluso que esté cerca, ya que si su prójimo oye el sonido que surge de su cuerpo al evacuar, no es algo que esté prohibido por recato, sino porque es algo despreciable y vergonzoso para la mayoría de las personas. Y quien no es riguroso, no es riguroso (I Ben Ish Jai: Vaietze).

Se aprecia que la observación debe ser general, lo que molesta a la mayoría de las personas, y no lo que le molesta a uno particularmente y no a las demás personas.

A continuación, citaremos ejemplos para poder reconocer actos de falta de consideración.

Las filas de los supermercados

En los supermercados o autoservicios en los cuales hay cajeras o cajeros manuales, se forman filas, ubicándose uno detrás del otro, con los productos que se escogieron en carros de compra o en las manos. Y como muchas veces el tiempo de espera se extiende varios minutos, existen distracciones. Y a la mayoría de las personas les molesta mucho que alguien aproveche una distracción para adelantarse en la fila y pasar primero. Esa acción es tomada como una falta de consideración.

Esta misma situación puede ocurrir cuando se espera un autobús, o en los bancos en los cuales hay atención personalizada y se forman filas y no se entregan números, e incluso en hospitales.

Caminando por la acera

Cuando se anda por una calle peatonal, o por la acera, hay personas que estornudan. Y a mucha gente le molesta bastante que se estornude libremente, esparciendo el estornudo al aire libre, sin utilizar pañuelos de ningún tipo, aunque sean desechables.

Aunque hay muchas personas que sí utilizan pañuelos desechables, tanto para estornudar como para limpiarse ocasionalmente la nariz. Pero no todos guardan los pañuelos desechables para arrojarlos en algún cesto de residuos. Y eso es tomado como un acto de falta de consideración, porque a mucha gente le molesta ver esos pañuelos ya utilizados esparcidos en la vía pública.

Esto puede ocurrir también en centros de compras, *shoppings*, autoservicios o lugares de concurrencia masiva.

Y lo mismo con arrojar saliva libremente ante la vista de todos.

Al respecto fue enseñado: está escrito: «Porque Dios traerá toda acción a juicio, juntamente con toda cosa encubierta, sea buena o sea mala» (Eclesiastés 12:14). ¿Qué significa: «toda cosa encubierta»? Dijo Rav: todo el que mata un insecto ante su prójimo y le causa repulsión. Dijo Shmuel: todo el que arroja saliva ante su prójimo y le causa repulsión (Talmud, tratado de Jaguiga 5a).

Pasar sin pedir permiso

Otra situación considerada muy molesta por gran cantidad de personas es cuando alguien pasa imponiendo su físico, o desplazando, sin pedir permiso.

Y algo que se asemeja puede ocurrir en las salas de lectura, donde hay lectores sentados en sillas o bancos junto a mesas. En ocasiones alguien que está en el interior quiere salir, y en vez de pedir permiso, mueve la mesa y se abre paso, y no considera la molestia que le causa a esa otra persona que estaba concentrada leyendo con el libro apoyado en esa misma mesa.

El agradecimiento

Otra actitud que molesta bastante es cuando alguien viene y pregunta por una dirección, o una tienda, para que se le indique cómo llegar. Y cuando se le dan los datos correspondientes y las indicaciones, la persona se va sin decir siquiera gracias.

Una sensación similar produce la actitud de aquellas personas que solicitan algo pero no dicen «por favor». Muchas personas sienten una sensación como si impartiera una orden en vez de pedir un favor. Y también cuando hacen un llamado telefónico y se las responde, y al ver que se comunicaron con el número equivocado, no dicen siquiera «disculpe», sino directamente cortan la comunicación. Son acciones tomadas como falta de consideración.

Sentarse con respeto

Otra cosa que molesta bastante es cuando se viaja en un transporte público, como un autobús o un tren, y se ven personas que encuentran asientos dobles libres, y se sientan en uno y en el otro colocan su bolso. Y cuando ascienden más pasajeros y los demás lugares están ocupados, no todos se atreven a pedirle que quite el bolso y permanecen de pie. Eso molesta tanto a la persona que permanece de pie como a muchos de los que están sentados y tampoco se atreven a decirle nada. Y aunque a veces hay personas que sí le piden que quite su bolso, de todos modos, es una actitud tomada como desconsiderada y que molesta bastante.

Situaciones poco agradables

Otra actitud que molesta es cuando se saluda y la persona saludada no responde el saludo.

Considérese que acerca de Rabí Yojanán ben Zakai fue dicho que él siempre saludaba a todos y lo hacía antes de que lo saludaran a él, como fue enseñado: «Jamás alguien se adelantó en el saludo a Rabí Yojanán ben Zakai, incluso una persona gentil en la feria» (Talmud, tratado de Berajot 17a).

Asimismo, se enseñó: «Abaie poseía un lema que reiteraba en forma constante: siempre la persona debe ser astuta con respecto al temor expresado por Dios. Pues una respuesta serena aplaca la ira. Y ha de incrementarse el saludo y la paz con sus hermanos, parientes y con toda persona, incluso un extraño de la feria. Esto debe ser así para ser amado en lo Alto y apreciado en lo Bajo, siendo aceptado por las personas» (Talmud, tratado de Berajot 17a).

También fue enseñado: «Rabí Matia, hijo de Jarash, decía: has de anticipar el saludo a todo individuo» (Mishná, tratado de Avot 4:15).

Abrir la ventana

También molesta bastante cuando alguien toma decisiones personales y parciales en un lugar donde hay otras personas presentes, modificando algo común, por ejemplo, abriendo la ventana sin consultar a los demás. Y una sensación similar se da cuando alguien enciende artefactos, como aires acondicionados o estufas, sin consultar a las demás personas si les molesta.

Conclusión de las actitudes molestas

Éstas que hemos mencionado son sólo algunas de las tantas acciones que molestan a la gente y son tomadas como desconsideradas. Hay muchas más, y es necesario tomar conciencia de éstas para observar la actitud de las personas con las cuales queremos entablar una amistad o si pretendemos elegir a tal persona como nuestro mentor, guía o maestro.

Hay que evaluar cómo se comportan en la vida diaria y cuál es su nivel de consideración con las demás personas. Porque tal como hemos dicho, la consideración revela la calidad de las acciones que se vinculan con su corazón, y obviamente no deseamos ni nos conviene entablar una amistad con alguien que no cuenta con un nivel de consideración al menos moderado. Y tampoco tener un mentor, guía, o maestro que carezca de ese requisito esencial de comportamiento.

Las acciones y el juicio

Se desprende de lo mencionado algo fundamental: es posible conocer a las personas a través de sus acciones, tal como hemos visto en los discípulos de rabí Yojanan ben Zakai, que el maestro los envió a analizar cuáles son las cualidades a las cuales se debe apegar la persona y cuáles son las cualidades de las cuales la persona se debe alejar. Y hemos visto que la conclusión fue que hay que apegarse al buen corazón y alejarse del mal corazón. O sea, es posible reconocer las acciones, sin embargo, hay algo que no podemos hacer, y es juzgar a las personas. Porque aunque realicen acciones que indiquen que tienen un mal corazón, no sabemos cuál es su intención. Eso está oculto en el interior de las personas y lo sabe sólo el Creador, tal como hemos visto en el análisis talmúdico que se realizó sobre la base del versículo.

Por lo tanto, surge algo muy importante para tomar en cuenta en la elección de las personas en las cuales confiaremos: analizar sus acciones y ver si son personas consideradas. Pero en ningún momento podemos juzgar a esas personas que descartamos, pensando o diciendo que son malintencionadas, porque no sabemos si es su intención actuar de forma desconsiderada o lo hacen simplemente porque son mentecatos o ignorantes acerca de las normas concernientes al sufrimiento de las personas. O tal vez carecen de la sensibilidad necesaria para darse cuenta de las molestias y el sufrimiento que causan con sus acciones de falta de consideración. Porque como es sabido, hay personas que no pueden empatizar con los demás, y ya hay diagnósticos médicos que reconocen ese síndrome. O puede haber muchos otros factores que determinen su acción desconsiderada sin necesidad de que lo hagan adrede. Y tampoco podemos saber si se trata de personas malintencionadas, que son narcisistas o manipuladoras, por ejemplo. Por eso, detectar la falta de consideración nos ayudará a tomar decisiones adecuadas, sin juzgar. Y eso nos puede ayudar a encontrar personas empáticas y confiables, y salvarnos de grandes decepciones y desilusiones.

La observación de la conducta

Resulta que hay que observar las acciones de las personas, y si se advierte falta de consideración en una gran magnitud, alejarse, como fue enseñado: «Aléjate del mal vecino, no te juntes con el malvado [...]». ¿Por qué? El rabí Ovadia de Bartenura explicó: «Aléjate del mal vecino»: para que no aprendas de sus acciones. Y, además, para que no seas golpeado con él en su caída, porque: ¡Ay del malvado y ay de su vecino! «No te juntes con el malvado»: porque así dijeron los sabios: todo el que se apega a los malvados, incluso no hace como las acciones de ellos, toma el pago como lo que sale de ellos. ¿A qué se asemeja el asunto? Al que entra a la casa de un curtidor, que aunque no compra nada de él, de todos modos el mal olor se impregna en él y sale con él.

Vemos que constituir una relación de amistad con ese tipo de personas nos puede hacer perder todo el trabajo personal que hemos realizado, en lo que respecta a la consideración, para lograr la gracia de El Eterno y de las demás personas. Porque la falta de consideración es contagiosa, y uno se va a impregnar de eso, tal como enseñó el sabio Ovadia de Bartenura.

Siendo así, no hay diferencia en si la persona que actúa en forma desconsiderada tiene intención o no tiene intención de comportarse de ese modo. ¿Y por qué hemos analizado este tema?, ¿y por qué en la Torá se hace hincapié en la intención? En la Torá se menciona lo concerniente a la intención para advertir a esa persona y a otras que actúan de manera semejante, y que se sepa que deberá rendir cuentas en el futuro, y que eso está en poder de Dios, sondear el corazón y saber qué hay en el interior de la persona, para saber si tuvo intención de hacer sufrir o no. Y nosotros no conocemos lo que hay en el interior del corazón de la persona, su intención, sino solamente la acción, y eso nos sirve para concluir que no sabemos si esa persona que actúa desconsideradamente tiene intención de hacer daño o no. Y eso nos lleva a no juzgar a esa persona y a salvarnos de condenar a alguien injustamente. Y no condenar a una persona por algo que no es resulta algo muy importante, y hay una gran recompensa por hacerlo, y todo lo contrario por condenar a una persona cuando es inocente.

Cambiando el mundo

Actuando de ese modo, siendo buenas personas y consideradas, podemos lograr grandes beneficios, tal como fue enseñado, que estudiando la Torá y realizando obras de bondad se puede liberar de los flagelos de la época de los talones, que es la época en la que vivimos. Y no sólo eso, sino que hay grandes méritos atribuidos a la persona que es correcta, respetando al prójimo y actuando en forma considerada, y hay una gran recompensa.

Además, obrando de ese modo, no sólo se pueden lograr los beneficios personales mencionados, sino que es posible cambiar el mundo entero, como fue enseñado: la persona siempre debe verse a sí mismo como si tuviera mitad de méritos y mitad de incorrecciones. Si realiza un precepto, dichoso de él, pues inclinará la balanza que mide sus actos para el lado meritorio. En cambio, si comete una falta, inclinará la balanza para el lado de los desmerecimientos. Como está escrito: «Mejor es la sabiduría que las armas de guerra; y un pecador pierde muchas bondades» (Eclesiastés 9:18). Dijo Rabí Elazar, el hijo de Rabí Shimon: debido a que el mundo es juzgado de acuerdo con la mayoría y la persona individual es juzgada de acuerdo con la mayoría, si realiza un precepto, dichoso de él, pues inclinará la balanza que mide sus actos y los de todo el mundo para el lado meritorio. En cambio, si comete una falta, inclinará la balanza para el lado de los desmerecimientos. Como está escrito: «Mejor es la sabiduría que las armas de guerra; y un pecador pierde muchas bondades» (Talmud, tratado de Kidushín 40b).

Se aprecia que con una sola buena acción, se puede modificar el propio destino y el del mundo entero. Y tal como hemos dicho, no hacer al prójimo lo que uno aborrece que le hagan a uno es toda la Torá y lo demás son explicaciones. Por lo tanto, surge de aquí un gran legado para que esté en nuestras manos y pongamos en práctica para salvarnos a nosotros mismos y ayudar al mundo entero.

Índice